全球体育城市发展报告

刘东锋　姚　芹　徐成龙　陈　静　编

科学出版社
北　京

内容简介

本书是一本追踪全球体育城市发展趋势、揭示全球体育与城市化进程互动规律、剖析世界领先的全球体育城市经典案例的学术著作，集理论研究与实践案例于一体。全书共六章内容，可分为三部分。第一、二章介绍体育城市基础理论，探讨了现代体育与城市关系、全球体育城市的基本概念与相关理论；第三、四章发布全球及中国体育城市评价指数，阐述了体育城市评价指数评价体系、方法，以及2022年度、2023年度的评价结果；第五、六章介绍体育城市案例，选取了国内外部分体育城市的经典案例进行深入剖析。

本书适用于体育管理相关专业本科生、研究生，体育与城市发展相关领域的研究者，体育行政部门、城市规划、宣传等有关部门的管理者，以及从事体育产业经营管理与媒体传播等相关工作的从业者。

图书在版编目(CIP)数据

全球体育城市发展报告 / 刘东锋等编. --北京：科学出版社，2024.12
ISBN 978-7-03-074640-5

Ⅰ. ①全… Ⅱ. ①刘… Ⅲ. ①城市-体育事业-研究报告-世界 Ⅳ. ①G811

中国国家版本馆 CIP 数据核字(2023)第 016402 号

责任编辑：张佳仪　马晓琳/责任校对：谭宏宇
责任印制：黄晓鸣/封面设计：殷　靓

科学出版社 出版
北京东黄城根北街16号
邮政编码：100717
http://www.sciencep.com

南京文脉图文设计制作有限公司排版
上海景条印刷有限公司印刷
科学出版社发行　各地新华书店经销

*

2024年12月第 一 版　开本：B5(720×1000)
2024年12月第一次印刷　印张：12
字数：187 000
定价：110.00元
(如有印装质量问题，我社负责调换)

前言 FOREWORD

体育城市是全球化背景下城市化与体育化融合发展进入高级阶段的产物。随着体育日益成为现代城市生活的重要组成部分，以及体育在城市经济社会与文化发展中多元功能的逐步显现，近年来全球范围兴起了体育城市建设的热潮，越来越多的城市希望通过体育城市的建设加快城市发展与更新的步伐，提升城市的品牌形象与综合实力。体育城市评价与排名体现了全球对城市体育建设绩效衡量和国际比较的日益增长的需求，为城市体育治理实践提供范例与指导，帮助城市管理者更好地将抽象的体育城市概念转化为理性的实践活动。然而，国内外对全球体育城市及其评价的相关研究较为有限，体育城市的评价实践也还处于早期阶段，科学合理的体育城市评价体系与受到国内外业界广为认可的全球体育城市排行榜仍有待形成，这也构成了我们开展体育城市研究与全球体育城市指数研发的背景。我们于2020年正式组建"全球体育城市指数"课题组，课题由上海体育大学经济管理学院刘东锋教授牵头主持，与国际体育经济学会、德国科隆体育大学等国外著名大学与学术机构开展了紧密的国际合作，由美、英、法、德等多国知名专家与学者组成的专家委员会为研发提供智力支持，本课题组是迄今国际上为数不多的开展全球体育城市评价与定期发布的第三方机构。2022年，我们联合国际体育经济学会首次发布了2022全球体育城市指数，2023年则进一步发布了2023全球体育城市指数,受到了人民日报、新华社、Global Sustainable Sport 等国内外媒体的广泛关注与报道。

本书就是我们上述关于体育城市评价研究与实践成果的呈现,不仅包含了课题组关于体育城市评价的理论研究成果,也包含了2022年与2023年两个年度体育城市指数的介绍,此外,我们还结合评价结果编写了部分国内外体育城市建设的案例。希望本书可以进一步推动和深化体育城市的基础理论研究,同时也为全球体育城市的建设实践提供有益的参考和指导。

本书编写历时两年,是团队智慧的结晶。本书由刘东锋负责统筹策划,具体章节撰写分工:第一章刘东锋、徐成龙;第二章刘东锋、姚芹;第三章陈静;第四章徐成龙;第五章陈静;第六章姚芹。此外,上海体育大学经管学院部分本科生、研究生还参与了课题组基础数据的收集工作。

本书的编写得到了上海体育大学、国际体育经济学会、科学出版社、上海市哲学社会科学规划办公室[上海市哲学社会科学规划课题立项(2023ZTY001)]等单位的支持,在此一并致以感谢。

由于编写时间所限,书中若有不当之处,敬请专家和广大读者批评指正。

刘东锋

2024 年 7 月 16 日

目录

第一章 体育与城市发展 …………………………………… 1
第一节 现代体育与城市关系的历史演进与回顾 …… 1
一、工业革命与城市化 …………………………… 1
二、工业化与城市化背景下现代体育的诞生
与传播 ……………………………………… 3
三、现代体育与城市的互动演进和体育城市
的应运而生 ………………………………… 11
第二节 体育与城市发展的互动机制 ………………… 16
一、体育与城市发展的互动机制概述 …… 16
二、城市为体育发展提供物质基础 ……… 17
三、体育推动城市综合发展 ……………… 18

第二章 全球体育城市 …………………………………… 25
第一节 全球体育城市理论基础与基本概念 ……… 25
一、世界城市与全球城市理论 …………… 25
二、全球体育城市的基本概念 …………… 29
第二节 国外主要体育城市排行榜及其指标体系简介
…………………………………………………… 33
一、全球体育城市影响指数 ……………… 33
二、世界顶级体育城市奖 ………………… 44
三、BCW 体育城市排行榜 ………………… 47
第三节 全球体育城市的特征及发展路径 ………… 51
一、世界领先的全球体育城市的特征 …… 51

二、全球体育城市的发展路径 ·· 59

第三章 全球及中国体育城市评价指数研发 ································ 62
第一节 全球体育城市评估体系的构建原则和构建方法 ················ 63
一、构建原则 ·· 63
二、构建方法 ·· 64
第二节 全球体育城市评估体系的构建流程 ······························· 66
一、初步构建评估体系 ··· 67
二、评估体系信度、效度检验 ·· 68
第三节 全球体育城市的评估指标释义 ······································· 78
一、体育历史与传统 ·· 78
二、体育赛事影响力 ·· 78
三、体育媒体传播力 ·· 79
四、职业体育影响力 ·· 79
五、群众体育基础 ·· 80

第四章 全球体育城市指数评估结果 ··· 81
第一节 全球体育城市指数总排行 ··· 81
一、2022年全球体育城市指数总排行榜 ··· 81
二、2023年全球体育城市指数总排行榜 ··· 85
第二节 全球体育城市分项指数排行 ··· 89
一、体育历史与传统指数排行榜 ·· 89
二、体育赛事影响力指数排行榜 ·· 90
三、体育媒体传播力指数排行榜 ·· 91
四、职业体育影响力指数排行榜 ·· 93
第三节 中国体育城市指数总排行 ··· 94
一、2022年中国体育城市指数总排行 ·· 94
二、2023年中国体育城市指数总排行 ·· 96
第四节 中国体育城市分项指数排行 ··· 100
一、体育历史与传统指数排行榜 ·· 100

二、体育赛事影响力指数排行榜 ………………………………… 101
　　三、体育媒体传播力指数排行榜 ………………………………… 102
　　四、职业体育影响力指数排行榜 ………………………………… 103
　　五、群众体育基础指数排行榜 …………………………………… 105

第五章　全球体育城市实践与案例 …………………………………… 107
第一节　日本东京："成熟都市"奥运形象的塑造与体育传播 ………… 108
　　一、日本东京体育城市发展情况概述 …………………………… 108
　　二、21世纪日本东京体育城市建设之路及"成熟都市"奥运
　　　　形象定位 ……………………………………………………… 112
　　三、日本东京体育城市建设经验 ………………………………… 114
第二节　英国伦敦：传统工业城市的复兴转型之路 …………………… 116
　　一、英国伦敦体育城市发展情况概述 …………………………… 116
　　二、英国伦敦体育城市建设之路 ………………………………… 123
　　三、英国伦敦体育城市建设经验 ………………………………… 125
第三节　美国纽约：发达的职业体育造就城市体育强大辐射力 ……… 128
　　一、美国纽约体育城市发展情况概述 …………………………… 128
　　二、美国纽约全球体育城市建设经验 …………………………… 135
第四节　国外其他城市建设体育城市的实践 …………………………… 137
　　一、澳大利亚墨尔本建设体育城市实践经验 …………………… 137
　　二、瑞士洛桑建设体育城市实践经验 …………………………… 141
　　三、美国费城建设体育城市实践经验 …………………………… 146
第五节　国外全球体育城市建设实践的总结归纳与启示 ……………… 150
　　一、人才、资本、技术与体育产业的互动是城市与体育融合发展
　　　　的前提 ………………………………………………………… 151
　　二、由交通网、信息网、环境承载力构成的网络是城市与体育融合
　　　　发展的基础 …………………………………………………… 151
　　三、借助体育文化传播载体营销城市品牌形象是城市与体育融合
　　　　发展的必要手段 ……………………………………………… 151

第六章　我国体育城市建设实践 ……………………………………… 153
第一节　我国体育城市建设之路与发展概况 …………………………… 153
一、以向国家队输送竞技体育人才、夺取世界冠军为目标的
竞技型体育城市建设 ………………………………………… 153
二、以群众体育开展为标志的传统、特色和文化体育城市建设
……………………………………………………………… 154
三、以全球化为目标的全球体育城市建设 ……………………… 155
第二节　北京由国际体育中心城市到首都国际体育名城的建设发展 …… 156
一、北京建设国际体育中心城市的提出 ………………………… 156
二、北京的首都国际体育名城发展定位及具体任务 …………… 157
三、北京体育城市建设的策略分析 ……………………………… 161
第三节　上海全球著名体育城市发展经历 ……………………………… 162
一、上海建设全球著名体育城市的目标定位 …………………… 162
二、上海全球著名体育城市建设的基础与优势 ………………… 163
三、上海当前在全球体育城市中的排名情况 …………………… 165
四、上海对标世界公认的全球著名体育城市存在的主要差距
……………………………………………………………… 166
第四节　深圳国际著名体育城市打造实践 ……………………………… 167
一、深圳打造国际著名体育城市的提出 ………………………… 167
二、深圳打造国际著名体育城市的特色做法 …………………… 168
第五节　我国其他城市建设体育城市的实践 …………………………… 172
一、广州市建设世界体育名城 …………………………………… 172
二、杭州市建设国际赛事名城 …………………………………… 174
三、成都市建设世界赛事名城 …………………………………… 176
四、南京市建设世界体育名城 …………………………………… 177
第六节　我国体育城市建设的总结与路径展望 ………………………… 178
一、我国体育城市建设的总结 …………………………………… 178
二、我国体育城市建设的路径展望 ……………………………… 180

第一章

体育与城市发展

第一节 现代体育与城市关系的历史演进与回顾

在历史的长河中，城市与体育都是人类文明进步的重要标志，而且两者关系紧密，很早就表现出高度的相容性。作为文明成果的荟萃之地，城市往往是各个民族不同历史时期孕育各种运动的摇篮和体育文化发展的高地。不管是古希腊的奥林匹克运动会(简称"奥运会")，还是中国古代曾经流行的马球或蹴鞠运动等都是发达的城市文明与璀璨的体育文化交相辉映的典型范例。相对发达的经济社会发展水平与相对集中的人口从供需两个方面为城市体育的发展繁荣提供了更为强劲的动力。不过，虽然在几千年的人类文明史中城市与体育都扮演着重要的角色，但直到近代以前，人类社会总体的城市化水平与体育普及程度都长期处于较低水平。从世界历史的发展看，人类城市化进程的大幅提速与现代体育的诞生都不过是最近两三百年的事情。本节内容将在回顾现代体育诞生与全球传播及其与城市互动演进的基础上，探讨现代体育与城市的关系及两者之间的内在联系。

一、工业革命与城市化

从时间维度看，世界城市化进程的大幅提速与现代体育的滥觞都主要发生在西方发达国家尤其是英国，并且与第一次工业革命的爆发高度重合，三者之间似乎存在着千丝万缕的联系。而工业化、城市化与体育化(现代体育的诞生与传播)不仅并行不悖,还往往相伴相生。

在英文中,"文明"(civilization)一词就源于拉丁文"城市"(civitas)与"市民"(civis)[1],体现了城市在人类文明中的重要性,并暗示了城市化程度与文明演进的内在联系。考古学研究显示,公元前4000年前两河流域的苏美尔人建立的美索不达米亚文明是目前能够认定的世界上最早的城邦文明之一[2],这意味着人类历史上城市已经存在了至少6 000年。不过,尽管在人类进入农耕文明之后,城市日益成为政治、文化甚至商业中心,但总体而言,在工业革命之前的漫长岁月里,人类城市化普遍处于较低水平。直到1800年,世界城市化平均水平仍旧只有3%[3]。

人类大规模的城市化进程,最早主要从西方国家开始,而工业革命及其带来的工业化,则为城市化提速提供了最为直接与根本的动力。工业革命本质上是以机器取代人力,以大规模工厂化生产取代个体手工生产的一场科技与产业革命。尽管对工业革命的确切起始时间仍有争议,但学界一般都将18世纪60年代英国出现的一系列纺织机器的发明与技术应用的突破视作工业革命爆发的最主要标志[4]。1765年,织工哈格里夫斯发明了"珍妮纺纱机",在棉纺织业引发了技术革新与发明创造的连锁反应,并逐渐扩散到其他领域,从而揭开了工业革命的序幕。1785年,瓦特制成的改良型蒸汽机投入使用,改良型蒸汽机提供了更加便利的动力,大大推动了机器的普及和发展,并进一步推动人类社会由此进入了"蒸汽时代"。而蒸汽机等工业革命的成果在交通运输业的应用特别是蒸汽机与轮船等交通工具的发明,也促使人类水陆交通运输业实现了历史性的变革与飞跃[5]。19世纪中期,英国的大机器生产基本上取代了传统的工厂手工业,工业革命基本完成。英国由此成为世界上第一个工业国家,并一度成为世界工厂,实现了经济的腾飞,一跃成为称霸全球近百年的世界头号强国。巅峰时期英国曾经统治了约占世界1/4的土地与人口,是名副其实的"日不落帝国"[6]。

---

[1] MARK J J. "Civilization". world history encyclopedia. (2022-8-16)[2023-8-30]. https://www.worldhistory.org/civilization/.

[2] 马欢欢. 两河流域的文明探源历程. 光明日报. 2022-9-19(14).

[3] 官卫华,姚士谋. 世界城市未来展望与思考. 地理学与国土研究,2000,16(3):6-11.

[4] MOHAJAN H. The first industrial revolution: creation of a new global human era. Journal of Social Sciences and Humanities, 2019, 5(4): 377-387.

[5] 人民教育出版社历史室. 世界近代现代史. 北京:人民教育出版社,2000.

[6] LLOYD A J. British Library Newspapers. Detroit: Gale, 2007.

工业革命虽然本质上是一场技术革命,但其引发的连锁反应和对人类文明的影响却是极其深远与全方位的。人类社会从此迈入工业化时代,从延续了几千年的农业文明逐渐过渡到工业文明,最终带来人类整体的生产与生活方式的根本改观。而在工业化的进程中,城市化可谓与其相辅相成,互为表里。尤其是在工业化的早期,规模化的工业生产与产业工人的集中直接导致农村人口向城市的大规模迁移与集中,带来城市人口的迅速增长和城市数量与规模的快速扩张。而城市的扩张又反过来吸引和刺激更多的资本与产业的集中,推动工业的进一步发展与升级。因此可以说,工业化与城市化如同车之双轮,共同推动着人类社会近代以来的发展,实现了由农业文明到工业文明的过渡。工业化与城市化的这种相伴相生、互为表里的发展关系在首批完成工业革命的欧美国家体现得尤其明显。以英国为例,工业革命前,英国的城市化率不足10%,到了1800年,城市人口比例上升至20%,到19世纪中期第一次工业革命完成的时候,城市人口已经超过50%,成为世界上第一个基本完成城市化的国家[1-4]。紧随英国的步伐,法国、德国、美国等国家也相继启动了工业化与城市化进程。而随着19世纪70年代第二次工业革命在主要资本主义国家兴起,西方国家的城市化进程进一步提速。到20世纪中叶,发达国家的城市化水平达到52.1%[5],在实现工业化的同时,也初步实现了城市化。而从世界范围看,2008年,全球城市人口才首次超过总人口的50%[6],人类整体实现了初步城市化。

二、工业化与城市化背景下现代体育的诞生与传播

作为人类文明进步的产物与人类文化的重要组成部分,体育的历史源远流

---

[1] DAVENPORT R J. Urbanization and mortality in Britain, c. 1800 – 50. The Economic History Review, 2020, 73(2): 455-485.

[2] NATIONAL GEOGRAPHIC. Industrialization, labor, and life. (2023-10-19)[2024-9-20]. https://education.nationalgeographic.org/resource/industrialization-labor-and-life.

[3] BRITANNICA. Impact of the industrial revolution. (2024-7-30)[2024-8-31]. https://www.britannica.com/topic/urbanization/Impact-of-the-Industrial-Revolution.

[4] 马先标,燕安. 世界城市化历程回顾——兼述英国城市化的特征与启示. 中国名城,2014,(11):9-14.

[5] 周跃辉. 西方城市化的三个阶段. 理论导报,2013(2):42.

[6] UNITED NATIONS POPULATION FUND. State of world population 2007 unleashing the potential of urban growth. (2007-1-1)[2023-8-31]. https://www.unfpa.org/publications/state-world-population-2007.

长。世界各地出土的新石器时代的器物、岩画等不同载体中都存在着丰富的反映当时人类身体活动的内容[1],表明人类体育形态存在的历史可能也与人类文明史一样久远。不过,"现代体育"的出现,则还是近两三百年的事情。无独有偶,开启工业革命序幕的英国,也是现代体育运动最重要的发祥地,有着"现代体育摇篮"的美誉。正如马圭尔(Maguire)等(2002)所言,虽然欧洲、亚洲、南美等地的许多文明在远古时代就存在游戏、娱乐等各种形式的身体活动,但现代体育犹如"蒸汽机一样,最早诞生于英国"[2]。知名社会学教授伊莱亚斯(Elias)创造了"体育化"(sportisation)一词,用以指代现代体育的诞生及其在全球范围发展普及的过程。他还认为,"体育化"的过程也可以被视作一个体现人类文明进程(civilising process)的过程。在此过程里,体育的规则以公平竞赛、减少或严格控制暴力等为导向变得日益标准化与精确化[3]。Elias及其学生邓宁(Dunning)有关"体育化"的论述得到了体育社会学界比较广泛的认同,他们关于现代体育的起源与流行过程的阶段划分也被广为引用,并被许多学者进一步发展与完善。

现代体育在英国的诞生及其早期在欧美国家的快速传播,在时间上与工业革命带来的城市化进程高度重合,表现出很强的关联性,以下将在回顾体育化演进历程的基础上探讨现代体育的诞生及早期体育化与城市化的关系。

(一)英国前工业化时期现代体育初现端倪(1800年之前)

在工业革命初期甚至更早,包括足球在内的一些现代体育的雏形就已经开始在英国出现甚至流行,其中既有大众参与性的,也有观赏性的。不过大部分的运动彼时尚没有广泛认可的成文的规则。例如,当时流行的民间足球(folk football)既没有场地的标准,也没有人数的限制,比赛时可能多达上百人同时上场,规则的随意性非常大。不过尽管如此,仍有板球、赛马和拳击等少数几个项目在精英阶层的推动下开始向现代体育转型。当时,许多比较富有的英国贵族阶层除了热衷于参与这些运动外,他们还资助成立俱乐部和组织比赛。此

---

[1] 陈光华.双墩史前身体教育:中国新石器时代一个典型案例.武汉体育学院学报,2017,51(8):13-19.

[2] MAGUIRE J A, JARVIE G, MANSFIELD L, et al. Sport worlds: a sociological perspective. Champaign: Human Kinetics, 2002.

[3] ELIAS N, DUNNING E. Quest for excitement: sport and leisure in the civilising process. Dublin: University College Dublin Press, 2008.

外,赌博的流行也使这些比赛经常成为竞猜的对象,而竞猜对比赛透明度的要求有可能直接推动了这些项目规则的逐步明确[1]。以板球为例,伦敦板球俱乐部就是一家典型的贵族精英俱乐部。威尔士王子曾在18世纪30年代担任俱乐部主席,也正是该俱乐部于1744年制定出了板球运动最早的规则[2]。不过该规则并没有得到广泛的认可,而是另一家名为马里波恩板球俱乐部(Marylebone Cricket Club,MCC)后来发布的板球规则最终被广泛接受,这个板球规则使MCC后来逐渐成为英国乃至世界板球运动规则制定的权威机构[3]。

(二) 英国工业化与城市化初期现代体育的早期发展与阶级分化(1800~1850年)

进入19世纪,随着工业革命的推进,英国加快了由农业社会进入工业社会与城市文明转型的步伐。工业化也催生了新兴的资产阶级,资本家与实业家开始利用工业化积累的新财富提升自己的生活质量。他们不仅模仿原有的贵族阶层开始享受体育活动带来的乐趣,还与贵族阶层一样将自己的孩子送入寄宿制的贵族学校(即所谓的公学)。在这些公学里,体育运动不仅得到学生们的普遍喜爱,同时也得到学校的认可与支持。参与体育运动被认为不仅有利于学生们增强体质和磨炼意志,还能够塑造品格,并减少打架斗殴事件的发生,促进交流与友谊。英国公学对体育的这种认识与支持,在很大程度上与当时教育理念的转变有关。19世纪之前,公学的教育主要还是突出知识的传授,体育没有进入课程体系,公学的校长们对体育也普遍不重视,学校一般只有在学生们因为比赛发生冲突的时候才被动介入。

从19世纪早期开始,在一些教育精英的推动下,公学的教育理念逐渐发生改变,其中托马斯·阿诺德(Thomas Arnold)被普遍认为是对19世纪以来英国教育产生最重要影响的一位教育家[4]。阿诺德认为,学校教育的目的是培养

---

[1] MAGUIRE J. Global sport: identities, societies civilizations. Cambridge: Polity Press, 1999.

[2] ALCOCK C W, WEBSTER R E. Surrey cricket: its history and associations. London: Longmans, Green and Co Ltd, 1902.

[3] SZYMANSKI S. A Theory of the evolution of modern sport. Journal of Sport History, 2008, 35(1): 1-32.

[4] ELLIS H, ARNOLD T. Christian manliness and the problem of boyhood. Journal of Victorian Culture, 2014, 19(4): 425-441.

国家未来的治理精英,他们首先要具备绅士品格,知识的学习只是学校教育的一部分,而道德的提升与品格的塑造同样重要,甚至更为重要[1]。基于此,他在担任拉格比公学(Rudgy School)校长期间(1828~1842年)提出了"宗教与道德原则为第一位,绅士风度次之,第三才是学术能力"的教育观点,以及教育应该树立全面发展的"全人教育"理念[2]。阿诺德对拉格比公学实施了全面和行之有效的改革,使原本没有名气的拉格比公学一跃成为英国的名校之一,成为19世纪英国公学改革的先锋与典范。阿诺德的教育改革是综合性的,其中包括大力推行体育活动,他不仅将体育纳入教育体系,推动学校开设体育课程,还积极组织体育竞赛活动,使学生通过有组织的体育活动与竞赛培养他们公平竞争、团队合作和拼搏奋斗的精神和自我管理、自我约束的能力与绅士品格[3]。阿诺德的体育思想及其在拉格比公学的改革实践对英国乃至世界的学校体育产生了深远的影响。正是在他的引领示范与推动下,英国公学对体育的态度发生了根本性的变化,公学开展体育活动蔚然成风,体育也由此逐渐被纳入国民教育体系之中[4]。

正是在这些公学里,或这些公学的校友毕业后进一步就读的大学里,许多体育运动完成了从游戏走向现代体育运动最重要的蝶变过程:规则化与标准化。现代足球与英式橄榄球就是其中最为典型的例子,这两项在世界范围都是广泛流行的运动项目,原本都源于英国乡村的同一种民间体育活动,即民间足球。1845年,拉格比公学的3名学生制定出了民间足球的成文规则,该规则很快在哈罗、伊顿、牛津等其他地区公学或大学流行开来。按这种规则开展的运动也因此被称为拉格比足球(简称"拉格比"),从而宣告了英式橄榄球运动的诞生[5]。3年之后的1848年,在剑桥大学举行了由英国多个公学与大学学生代表参加的会议,并制定了民间足球运动的另外一套有别于橄榄球玩法的规则。这些规则最终成为英国足球运动的核心规则并被英格兰足球总会采纳,从而成

[1] BRADBY H C. The great public schools series. London: George Bell and Sons, 1900.
[2] RUGBY SCHOOL. A brief history of Rugby School. (2021-5-25)[2024-9-2]. https://www.rugbyschool.co.uk/about/history/.
[3] LUCAS J A. Victorian "Muscular Christianity": prologue to the Olympic Games. Olympic Review, 1976, 99-100: 49-52.
[4] BURLEY M. The history of sport in public schools. (2020-5-18)[2023-9-4]. https://www.winchestercollege.org/stories/the-history-of-sport-in-public-schools.
[5] COLLINS A. A social history of rugby union. London: Routledge, 2009.

为现代足球运动诞生的重要里程碑[1]。足球、橄榄球等运动规则的制定,使相关运动项目标准化,并在以英国公学、大学的学生或校友为代表的精英阶层的带动下逐渐发展成为风靡全国的运动形式。

当然,在19世纪上半叶,体育运动的这种流行主要还是局限于精英阶层。作为快速膨胀的城市人口的主体部分,广大工人阶级参与体育运动的需求则受到了时间、收入等多方面因素的限制。在工业化初期,产业工人的工作与生活条件其实非常艰苦,每周往往要工作6天,每天12小时,但收入却普遍非常微薄。不仅如此,工人们能够享受到的假期也比工业革命前大为减少,1750年银行的假日长达47天,而到了1830年银行的假日则减少至18天,4年后则进一步减少至4天[2]。这些意味着与农业社会相比,工人阶级的余暇时间大为减少,工人们参与体育及其他休闲活动同时受到时间与金钱缺乏的双重约束。此外,城市体育活动空间与场地的严重不足也是制约工人参与体育活动的另一个重要因素。不仅如此,从总体上看,19世纪早期英国政府对于工人参与体育活动的态度并不友好,认为休闲与体育活动尤其是较为暴力的体育活动会给工业生产带来负面影响,并导致社会道德的滑坡,因此政府对部分体育项目加强了管控的力度,并禁止了斗鸡、斗狗等所谓的血腥体育活动(blood sport)。所以,至少从大众的层面看,快速的工业化与城市化在早期似乎并没有带来体育运动的同步繁荣,体育参与表现出明显的阶级分化。

(三)发达国家工业化与城市化的初步实现与现代体育的快速发展与普及(1850~1950年)

19世纪中叶,随着第一次工业革命的结束,英国初步实现了工业化与城市化。与工业化的早期阶段相比,工人阶级的生产条件与生活水平都有了明显改观,并在随后19世纪70年代开始的第二次工业革命的推动下得到了进一步提升。在此背景下,体育与城市的关系也逐渐表现出更高的相容性与适配度。

据统计,英国工人的实际收入在1860~1875年增长了40%,至1900年则进一步提升了1/3。与此同时,假日的数量也开始增加,并且自19世纪50年代

---

[1] RUSSELL D. Football and the English. Preston: Carnegie Publishing, 1997.
[2] CHRIS G, LIU D F, RAMCHANDANI G, et al. The global economics of sport. London: Routledge, 2012.

开始，周六下午也逐渐成为休息时间，制约工人阶级参与休闲与体育的时间和金钱约束都得到了明显缓解。此外，由于对工人体质健康及其与劳动生产和国防军事的关系的关注，以及对工业化早期"城市病"的担忧，上层精英与政府对工人与民众参与体育的态度也发生了明显的转变。19世纪中后期，英国政府陆续出台了一系列的法案与措施，大力推进城市休闲与体育公共设施的建设。例如，在1846年"浴室法案"的推动下，在随后的大约50年里，英国在全国范围新建了大约300个游泳池并对大众开放[1]。在上述因素共同的推动下，体育变得日益流行，体育俱乐部、足球场、体育中心也像教堂一样成为大多数英国城市的标配，而参与体育运动、观看比赛也成为工业文明时代城市居民生活的重要组成部分。在此过程中，人类体育化的进程也开始迈入一个新的阶段，表现出一些新的趋势与特征。

首先是单项运动协会的逐渐建立。许多现代运动的诞生与传播，都会经历一个从区域性的民间活动演变为全国乃至全球性的体育运动的扩散过程。在单项运动协会出现之前，许多的体育比赛都是由俱乐部组织开展的，因此他们在运动的规则化过程中往往也扮演着重要角色。在运动项目演变的早期，一般都会存在多个俱乐部，俱乐部之间的比赛规则有可能会存在较大差异，直到其中影响力较大的一些俱乐部及其组织的比赛制定的规则得到普遍认可，或者权威性的全国单项运动协会的出现并协调与统一运动项目的规则，才能最终完成一个运动项目规则的标准化与全国统一化，从而为其从区域走向全国甚至世界奠定基础。国家单项运动协会的建立，不仅大大提升了运动项目规则化与标准化的程度，为全国性赛事的组织开展提供了组织保障，同时也为国际性的体育交流与赛事活动提供了组织基础，这也是为什么体育组织的专业化与体育管理机构的建立被广泛认为是现代体育区别于古代体育的重要特征之一。1863年，世界上第一个单项运动协会——英格兰足球总会成立，使足球运动的发展拥有了全国层面的权威机构。这不但使得足球运动的规则进一步标准化，而且英格兰足总杯等足球赛事的举办使得足球的规则与足球运动在全国范围得到进一步推广与普及。19世纪下半叶后期，英国单项运动协会开始密集出现，除了足球运动，自行车、游泳、橄榄球等多个运动项目的单项协会也都在这一时期陆续

---

[1] CHRIS G, LIU D F, RAMCHANDANI G, et al. The global economics of sport. London: Routledge, 2012.

建立(表 1-1)[1]。也是在这一时期,包括网球、羽毛球等一些后来全球流行的现代体育运动相继在英国完成了规则化的这一重要过程并走向世界。随着现代体育运动在欧美国家的传播与流行,这些国家也开始纷纷建立国家单项运动协会,如美国分别于 1881 年和 1894 年成立了美国草地网球协会和高尔夫球协会。

表 1-1　英国(英格兰)部分国家单项运动协会成立年份

单项运动协会	成立年份	单项运动协会	成立年份
英格兰足球总会	1863	赛艇协会	1882
自行车协会	1866	游泳协会	1886
橄榄球协会	1871	体操协会	1888
滑冰协会	1879	网球协会	1888
田径协会	1880	羽毛球协会	1893
业余拳击协会	1880	击剑协会	1902

其次是职业体育的发展。19 世纪后期现代体育的另一个重要趋势就是职业体育的出现。1881 年与 1895 年,英国的足球与橄榄球分别建立了全国范围的职业联赛,宣告了现代体育一个崭新的时代的到来。这意味着现代体育运动不仅仅是一种参与性的休闲活动,也可以是一种常规性的观赏性娱乐表演活动,同时也意味着体育运动本身演变成一种专门职业与产业,预示着体育商业化与产业化的到来。而工业化时代体育运动的大众普及、城市人口的规模、生活水平的提高等为体育的职业化与商业化提供了旺盛的需求与强劲的动力。

再次是西方发达国家普遍开启体育现代化进程。19 世纪后半期尤其是 19 世纪 70 年代开始至 20 世纪 20 年代的这一段时期里,体育发展呈现出的另一个重要趋势就是现代体育在欧美发达国家的快速普及,以及在全球范围的加速传播。这段时期也因此被一些学者称为体育化发展的第三阶段,即体育的起飞与国际化阶段。随着英国的第一次工业革命逐渐扩散至欧洲大陆、北美及日本,这些国家也开启了工业化与城市化的进程。从 19 世纪 60~70 年代开始,一系列新的重大发明的出现,特别是电力的广泛应用、内燃机的发明和新交通工具的发明和应用等,导致了第二次工业革命的发生,人类开始进入电气时代。

---

[1] CHRIS G, LIU D F, RAMCHANDANI G, et al. The global economics of sport. London:Routledge, 2012.

与第一次工业革命主要源于英国不同,第二次工业革命在欧美多个国家几乎同时进行,多点开花,这些国家一同进入工业化与城市化时代。工业化与城市化的初步实现也推动了体育在这些国家的繁荣。随着技术的进步,全球化的速度也进一步加快,世界范围的经济、贸易联系日趋紧密,人员往来日趋便捷。作为人类文化的重要维度与内容,体育的国际交流也就成为自然而然、水到渠成的事情了。由于英国日益扩大的全球殖民地范围与国际影响力,现代体育的国际化在早期阶段主要表现为流行于英国的户外运动扩散和传播至世界各地,英联邦国家至今仍旧盛行的板球、英式橄榄球等运动就是英国体育在殖民地传播的典型例证。与此同时,得益于第一次工业革命的先动优势,许多国家在引进英国工业革命科学技术成果的同时,也使得英国的体育文化在世界各地落地生根。以意大利足球发展为例,包括热亚纳俱乐部、AC米兰足球俱乐部等许多意大利最早一批的俱乐部,很多都是由当时英国的侨民直接发起成立的,这也是为什么AC米兰足球俱乐部的官方名称至今仍保留着米兰的英文拼写而不是意大利文拼写[1]。不过,尽管由于英国首先爆发工业革命并成为世界头号资本主义强国使其在现代体育文化的传播上建立了明显的先动优势,随着其他欧美发达国家的兴起,一些源起于这些国家的现代体育运动也开始在世界范围传播,其中影响力比较大的项目就包括主要源于德国、瑞典等欧洲大陆国家的体操运动以及诞生于美国的篮球运动等。

最后是国际体育组织的建立和现代奥林匹克运动的复兴。在体育国际化与全球化的过程中,国际体育组织无疑发挥着不可替代的重要作用。19世纪末20世纪初,伴随着体育运动在许多国家的流行与传播,为了适应体育国际交流的需求,一些国际单项体育组织也应运而生。1881年国际体操联合会诞生,成为世界上第一个国际单项体育组织,随后游泳、橄榄球、自行车、足球等项目的国际体育联合会也如雨后春笋般纷纷成立(表1-2)。到1920年,今天奥运项目中约半数的项目都成立了国际性的运动项目管理机构。国际单项体育组织的成立本身是体育全球化发展的结果,而这些国际体育组织成立之后,又不遗余力地推动相关运动项目在全球范围的标准化以及普及推广,从而进一步促进了

---

[1] SAA. The history of football in Italy: how the game became popular and changed the country forever. (2022-2-4)[2023-9-1]. https://serieaanalysis.com/opinion/the-history-of-football-in-italy-how-the-game-became-popular-and-changed-the-country-forever.

表 1-2　部分早期成立的国际体育组织

国际单项体育组织	成立年份	国际单项体育组织	成立年份
国际体操联合会	1881	国际业余游泳联合会	1908
国际橄榄球理事会	1886	国际田联	1912
国际滑冰联盟	1892	国际网球联合会	1913
国际赛艇联合会	1892	国际击剑联合会	1913
国际奥林匹克委员会	1894	世界拳击协会	1921
国际自行车联盟	1900	国际羽毛球联合会	1934
国际足球联合会	1904	国际业余拳击协会	1946

体育的全球化。除了国际单项体育组织，国际奥林匹克委员会（简称"国际奥委会"）的成立及奥林匹克运动的复兴，也是推动体育全球化的一个具有里程碑意义的事件。在法国教育家顾拜旦等人的努力下，国际奥委会于1894年在巴黎成立并通过了《奥林匹克宪章》。两年之后，首届现代奥运会在希腊雅典的顺利举行，标志着现代奥林匹克运动的正式复兴。奥林匹克运动所倡导的增进了解、友谊、和平、团结和公平竞争的精神以及促进人的全面发展等理念在世界范围得到了广泛的认同，也使得奥运会逐渐发展成为全球最具影响力的综合性体育与文化盛会，不仅极大地促进了体育运动的国际化，还被认为是推动世界和平与发展的一支重要力量。

不过从世界范围看，现代体育运动的诞生、发展与全球化表现出明显的不均衡性，特别是在体育化早期，体育文化传播的方向更多地表现为由欧美发达国家流向发展中国家，而很少相反。与此同时，从现代体育的演进看，由于西方发达国家较早完成了工业化与城市化，其体育化的起步远远早于发展中国家，体育化的程度也往往更高。早在20世纪中叶的时候，西方发达国家体育就已经日渐生活化，体育运动的理念也早已深入人心。然而，时至今日，在许多发展中国家，体育的普及程度与参与水平仍旧处于较低水平。

三、现代体育与城市的互动演进和体育城市的应运而生

进入20世纪中叶以后，体育进一步由发达国家扩散至世界各地，体育的全

球化进一步深入。与此同时,随着媒体技术的发展,尤其是全球卫星电视技术的出现与普及,体育与媒体的结合日益紧密,体育的商业化、职业化发展大幅提速,体育逐渐演变成为一项全球流行的媒体娱乐产品。而随着体育经济价值与社会影响力的进一步显现,体育与城市的互动逐渐步入一个全新的阶段。

当然,体育与城市的这种互动演进并非直线上升,而是一个螺旋式上升和在曲折中前进的过程。实际上,20世纪60～70年代,随着大型体育赛事数量与规模的增加和办赛成本的不断攀升,赛事就经历过一个低谷徘徊的阶段,哪怕是奥运会这样具有全球影响力的优质赛事也曾经举步维艰。而1976年的蒙特利尔奥运会更是让奥林匹克运动一度陷入危机,赛会结束时不仅没能给主办城市带来预期的收益,反而留下了巨额的债务,需要蒙特利尔人民花费30年的时间才最终偿还清,其赛会主场馆还因此被当地人戏称为"大欠债"(big owe)[1]。此后,奥运会似乎变成了"烫手山芋",以至于洛杉矶成为唯一愿意承办1984年奥运会的城市。洛杉矶居民因为害怕"蒙特利尔陷阱"历史重演,很快要求政府通过了一项法案,要求奥运会的主办不得动用任何公共资金。最终,在美国商业奇才尤伯罗斯的带领下,通过排他性赞助、竞标拍卖独家电视转播权等创新的商业模式力挽狂澜,才成功扭转了局面。洛杉矶奥运会结束时不仅没有给组委会留下任何债务,反而获得了2亿多美元的盈余[2]。

洛杉矶奥运会的成功举办将大型体育赛事的商业潜力与媒体影响力展现得淋漓尽致,一举改变了蒙特利尔奥运会给举办奥运会带来的负面印象,使其从一度无人问津的"烫手山芋"变成了人人争抢的"香饽饽",从而掀起了大型赛事申办与举办的热潮。自20世纪80年代以来,越来越多以英美为代表的发达国家的城市开始将体育尤其是大型赛事的举办、大型体育设施的修建、顶级职业俱乐部的培育或引进等视为推动城市发展的有效手段,甚至将体育的发展上升至城市发展的战略层面。其中比较典型的就包括英国的曼彻斯特、谢菲尔德、伯明翰,以及美国的印第安纳州,西班牙的巴塞罗那等城市。在此背景下,"体育城市"的概念也就应运而生了:1995年,谢菲尔德因为其在城市再生与转型过程中以体育为引领的城市振兴战略的成功运用,荣膺英国首座"国家体育

---

[1] PATEL A, BOSELA P, DELATTE N. 1976 Montreal Olympics: case study of project management failure. J Perform Constr Facil,2013,27(3):362-369.

[2] CHRIS G, LIU D F, RAMCHANDANI G, et al. The global economics of sport. London: Routledge,2012.

城市"(National City of Sport)的称号。不过,大型体育赛事的流行和体育成为城市发展的重要战略手段甚至引领性工程,体育城市概念的提出,还有着至少两个更为深刻的社会背景,即欧美发达国家在进入后工业化时代后普遍面临的转型危机和全球化时代日益激烈的城市间竞争。

20世纪中叶以后,西方发达国家开始进入后工业化时代,大规模的传统工业城市或资源型城市开始普遍经历由传统制造业向现代服务业的漫长而痛苦的转型。许多传统工业城市陷入严重的衰退,工厂倒闭,工人失业,社会矛盾突出。一些国家开始出现所谓"逆城市化"现象,人口迁移的方向发生逆转,人口从城市中心流向郊区[1]。西方工业城市普遍面临转型危机,如何实现城市再生(regeneration or renewal)成为这些城市共同面临的艰巨任务。以英国的谢菲尔德为例,这个曾经以钢铁业和重型机械闻名于世的城市,发展巅峰时期钢铁产量曾经占英国钢铁总产量的90%,占整个欧洲的一半,是名副其实的"钢铁之都"。到了20世纪70年代末,谢菲尔德开始陷入严重衰退。原先提供主要就业的传统工业区成为大片的废弃闲置的工业荒地,失业率持续上升,从原先的小于2%上升到1978年的6%,而到1982年夏季进一步上升到15%,到1986年秋季则上升到创纪录的18%。整个城市面临着经济衰退、城市转型与再生的巨大挑战。在此背景下,谢菲尔德选择了一条以体育为引领的城市再生之路,于1987年成功申办获得了1991年世界大学生运动会(简称"大运会")的主办权。市政府明确提出了以大运会的筹备与举办为契机,引领城市整体再生与转型的城市发展战略,期望通过大型场馆与基础设施建设等重大工程项目促进投资、创造就业、促进废旧城区改造,以及提振城市信心和提升城市形象,最终实现由传统工业城市向现代服务业城市的转型。这种将体育上升到城市发展的战略高度,甚至将其作为城市转型升级与再造战略的引领与旗舰工程的做法在发达国家可以说并不鲜见。英国的另外两座典型的传统工业城市格拉斯哥与伯明翰,也因为成功地将大型赛事纳入整体城市发展战略,实现从传统工业向现代服务业的顺利转型,同谢菲尔德一起于1995年被授予英国"国家体育城市"的称号。而巴塞罗那奥运会乃至2012年伦敦奥运会也都对城市(至少是部分老旧或贫困城区)的再生与转型发展发挥了非常积极的作用[2]。

---

[1] 周跃辉.西方城市化的三个阶段.理论导报,2013(2):42.
[2] 官卫华,姚士谋.世界城市未来展望与思考.地理学与国土研究,2000,16(3):6-11.

除了上述西方工业城市普遍面临的再生与转型危机,全球竞争的加剧与城市营销的流行,也是体育受到城市青睐的另一个重要背景。随着全球化的深入,世界范围城市间的竞争也日趋激烈。城市营销(city marketing or place marketing)开始大行其道,体育尤其是大型赛事逐渐成为城市营销的战略手段,从而也成为促进城市与体育互动发展的又一重要推动力。如同企业品牌一样,城市被认为也可以"通过品牌的塑造使其有效地与其他城市区分开来,易于被识别与记忆,并增加目标受众的忠诚度,提高城市的美誉度与吸引力,成为城市重要的无形资产"[1]。大型赛事由于巨大的媒体放大效应,能够在瞬间吸引全球的关注,使得越来越多的城市尤其是大城市将其视为展示城市综合实力、提升城市品牌与吸引力的有效手段。巴塞罗那奥运会、悉尼奥运会与北京奥运会及德国足球世界杯(国际足球世界杯简称"足球世界杯")等都被认为是运用大型体育赛事开展城市营销乃至国家营销获得良好效果的典型例子。

进入 21 世纪以来,体育与城市的互动日益紧密,体育城市的概念也变得更加流行,并且出现由原先主要局限于发达国家蔓延至发展中国家的趋势。南非、中国、巴西等越来越多的发展中国家开始加入奥运会、足球世界杯等大型赛事举办国的行列,一改之前此类赛事主要由发达国家主导的局面。与此同时,体育城市的概念也同样开始在发展中国家受到追捧,并且还越来越多地与城市国际化联系在一起。以中国为例,近年来就有上海、北京、广州、深圳、南京、成都、杭州、青岛等十余个城市先后提出"全球著名体育城市""国际体育名城""世界赛事名城"等类似的说法。体育城市的全球流行还导致了越来越多的体育城市评价机构的出现。20 世纪 90 年代,英国是世界上最早推出国家体育城市评选的国家,随后美国体育城市、欧洲体育之都等的评选相继出现。21 世纪以来,则进一步出现了全球体育城市的评级机构与排行榜的发布,其中较早的有"世界顶级体育城市奖(Ultimate Sports Cities Awards)",由英国体育商业公司(SportBusiness)创办,自 2006 年开始每两年发布一次世界前 30 的全球体育城市排名。当然,从体育城市向"全球"或"国际"体育城市的"升级",也反映了城市规模日益扩大、城市间的国际竞争日益激烈这一现实背景。

回顾现代体育早期发展的历史,不难发现现代体育的诞生及国际传播的过

---

[1] MOHAJAN, HARADHAN. The first industrial revolution: creation of a new global human era. Journal of Social Sciences and Humanities, 2019, 5(4): 377-387.

程是与工业革命以来世界范围内不断推进的工业化与城市化进程紧密相关的。工业化带来人类整体的生产与生活方式的根本改观，人类逐渐过渡到工业文明与城市文明，而现代体育的诞生与流行，则反映了其与工业文明与城市文明高度的适应性与匹配度。

现代体育的一些基本特征，包括高度的规则化、专业化与组织化，以及对公平竞争、分工合作、追求纪录与不断超越等的强调，都与工业文明普遍实行的自由市场经济原则的精神内核不谋而合。也正是现代体育的这些特征，使其所具备的教育功能得到西方一些具有前瞻眼光的教育先驱的重视与青睐，从而逐渐进入教育体系并得到社会上层精英的认可。值得一提的是，从实践看，现代体育运动从在西方诞生到普遍流行主要还是以社会与市场的力量作为主要推动力的。尽管政府对大众参与体育在经历了短暂的怀疑与管制之后普遍采取了支持的态度，其作用主要还是体现在城市体育活动空间与基础设施的供给上，而现代体育本身的规则化、组织化等现代过程，以及体育活动与比赛的组织等，最主要还是以包括公学或大学生、体育俱乐部、协会等在内的民间力量实现的。现代体育从上层精英到普通大众间的这种内生性发展与快速流行，体现了现代体育自身的魅力与强大生命力，及其对现代社会人类社会需求的有效满足。工业文明带来了物质财富的快速增长，但与此同时，也带来了较为严重的人的异化，导致人类主体性与精神自由的丧失，人们对精神生活的需求日益凸显。现代体育不仅因为其在增强体质、健全人格、锻炼意志方面的功能使其成为现代社会教育的有机组成部分，更因为其健身娱乐、社会交往、挑战自我等方面功能特征使其成为消除异化、满足精神生活需要的有效途径，从而受到现代人的广泛青睐，在西方发达国家更是成为一种生活方式。

如果说在工业化时代，体育与城市的关系更多的是一种自然的互动、体现了现代体育对工业化带来的城市生活的适应性，比较凸显的是现代体育的教育功能与社会功能，那么进入后工业化时代，则更多体现了城市对于体育作为促进城市发展的工具性战略手段的运用。现代体育的功能表现出更为明显的多元性，尤其是经济功能、政治功能日益突出。当然，在上述过程中，体育之所以能够受到越来越多的城市的青睐并成为城市发展战略的重要甚至是核心组成部分，与体育本身的嬗变也是分不开的。源于欧美的现代体育运动随着全球化的深入传播到世界各地，成为世界各国人民喜爱的娱乐休闲形式。但在早期阶段,体育仍旧比较局限于一种区域性的活动,即使是再精彩的比赛,其影响也往往难以超越体育场馆的物理空间限制。但是,媒体技术尤其是全球卫星电视的发展,从根本上改变了体育的生产与消费的方式,体育与现代传媒的结合直接推动了体育商业化与职业化的发展,体育的经济价值与产业功能、政治功能日益凸显,包括世界杯、奥运会等在内的国际大型赛事也日益成为具有全球影响力的超大规模的人类聚会与文化狂欢。

总体而言,体育与城市的互动与演进过程也见证了城市与体育两者自身的不断嬗变,在此过程中,现代体育在居民生活与城市发展中的功能不断得到丰富与拓展,并进一步推动两者的融合与互动走向深入。

第二节 体育与城市发展的互动机制

一、体育与城市发展的互动机制概述

体育与城市发展有着密不可分的关系。进入21世纪,城市同体育之间的关系愈发重要,体育已成为衡量城市文明进步的重要标志。现代体育在城市中诞生,并以各种载体形式存在于城市的各个方面[1]。随着人们对城市本质和体育功能认知的不断深入,现代体育与城市发展间的关系越来越密切,并逐渐形成了一种互动机制。

体育与城市发展的互动机制是指体育与城市发展之间的相互作用,即一方面城市作为社会、经济、文化等意义上的集合体,其城市化的高速发展可以为体育产业的发展、体育赛事的举办等提供物质等条件支撑;而另一方面体育的发展也会在一定程度上改善城市的社会环境、提高城市的经济发展水平、提升城市的社会文化水平、提升城市的居民生活质量、塑造城市的品牌形象等,从而提高城市的综合竞争力。两者间关系密切,相互作用,相互促进。本节将从以上两方面展开,探讨体育与城市发展间的互动机制。

---

[1] 张宁.城市与体育互动发展研究.太原城市职业技术学院学报,2020(7):22-23.

二、城市为体育发展提供物质基础

城市的发展反映了该地区的社会经济发展水平,将直接影响当地体育的发展水平和规模。体育的发展离不开经济的支持,城市为体育发展提供了物质基础。

(一) 城市经济为体育发展提供物质保障

体育的发展依赖于城市经济水平的高低,且受经济发展水平的制约[1],城市经济发展水平越高,则投入体育领域的资金也就越多,从而促进体育的发展;而当城市的经济发展水平较低时,政府则没有充裕的资金来满足体育发展的规划和需求,这在一定程度上会限制体育的发展[2]。

城市经济为体育发展提供物质保障主要体现在:城市经济的快速发展为体育提供了充足的物质保障,推动着体育运动的发展规模和水平不断壮大。在资金和物质条件充足时,体育政策、体育产业、体育设施等才能得到源源不断的发展。城市经济的发展在一定程度上也反映了城市居民生活水平的提高,这意味着居民的可支配收入增多。随着社会的快速发展,人们对日常生活质量要求越来越高,余暇时间的增多使人们得以有更多精力参与体育休闲娱乐活动。当人们的可支配的收入增多时,会对体育相关产品进行消费,包括对线下体育服装、体育装备和体育器械等的消费和对线上体育课程的购买消费等,从而满足自身对体育娱乐的需要[3]。

(二) 城市人口发展为体育提供消费市场

人口资源是社会经济发展的基本单元,城市人口增长一直被认为是现代化和经济发展的标志之一。城镇化作为现代产业的集聚过程、人口的集中过程和人们生活方式由自给自足为主向依靠市场购买为主转变等过程的统一,必然极大地拉动市场消费规模的扩大和居民消费能力的提升。目前城市化进程已成为全球范围内的趋势。随着城市人口的增加,城市居民的生活方式和消费习惯

---

[1] 赵楠,江哲.我国竞技体育发展的困境审视与破解路径选择.闽南师范大学学报(哲学社会科学版),2020,34(4):126-129.
[2] 陈立农,陈宇,任佳宾.粤港澳大湾区竞技体育协同发展可行性研究.广州体育学院学报,2021,41(1):1-4.
[3] 陈洪.中国式体育现代化的历史维度、内涵场景与实现路径.天津体育学院学报,2022,37(6):658-663,696.

也发生了变化。城市人口越多,参与体育运动的人就会越多,这不仅可以营造出良好的体育锻炼文化氛围,推动城市体育化发展,同时也形成了潜力巨大的体育消费市场[1]。

城市人口发展为体育提供消费市场主要体现在:首先,城市人口的发展带来多元化的消费需求。城市人口增加意味着更多的潜在消费者,他们对体育设备、运动服装和相关产品的需求呈现多样化,这种多样化的需求推动了体育消费市场的扩大。其次,城市人口的发展带来更多体育设施的需求。城市体育设施的增加与城市居民对体育活动的参与呈正相关[2],这不仅促进了体育消费,还有助于改善居民的健康和生活质量。再次,城市人口的增长创造了更多体育教育和培训市场的机会。家长愿意为他们的子女报名参加各种体育课程和培训班,这为私人教练、体育学校和培训机构提供了商机。同时,城市居民对于个人健康和体育技能的重视也推动了体育教育和培训市场的发展。

三、体育推动城市综合发展

体育可以促进城市发展与文明进步,主要体现在其可以提升城市居民的生活质量、促进城市经济发展、提升城市文化软实力以及改善城市生态环境4个方面。

(一) 提升城市居民的生活质量

体育在城市中的发展可以让更多人参与到体育活动中来,从而提升居民的生活质量,促进社会和谐稳定,减少社会矛盾的发生[3]。体育提升城市居民的生活质量可以体现在以下几个方面:

一是优化城市居民的生活方式。随着人类社会的进步及生活文明程度的提高,人类越来越关注自身的健康状况,而体育成为提高人民生活水平和生活质量、科学安排闲暇时间、满足人们机体和精神生活需要的重要手段,并成为人

---

[1] 张蒙,吴际. 我国体育消费升级的现实基础、困境与路径. 体育文化导刊,2022(12):79-84,91.
[2] LI X, YU R, YAN C, et al. A study on the path to the sustainable development of sports-consuming cities - a qualitative comparative analysis of fuzzy sets based on data from 35 cities in China. International Journal of Euviromental Research and Public Health, 2022, 19(16): 10188.
[3] 栾佳昕. 浅论大众体育参与动机在自我决定理论中的体现. 文体用品与科技,2021(6):144-145.

们健康文明科学生活方式的重要组成部分[1]。体育运动蕴涵着丰富的能量，可以促进个人成长、增强居民身体素质、提升居民的心理健康、提高居民幸福感等，城市居民通过体育运动，不但学习了体育运动锻炼知识，而且掌握了体育运动的科学方法，为树立终身体育的思想奠定了基础。

二是调整城市居民生活节奏。肥胖症、高血压等疾病发病率的增高使得体育的作用在当代信息社会中越来越突出。居民经常进行体育锻炼不仅可以增强体质，预防慢病，还可以提高人体对快速生活节奏的应变和耐受能力，帮助人们克服焦虑、恐惧等心理障碍[2]。同时，体育运动是人与人之间的社会交往和情感交流的重要场合，在体育运动中人们可以得到群体归属感、亲情感、相互关怀和沟通的信任感以及形成强烈竞争、协作意识的独立人格等，这些都对发展健全和调节现代城市居民的心理起到了至关重要的作用。

（二）促进城市经济发展

体育本身蕴含着巨大的经济功能与价值。体育所带来的旅游观光业、混合型体育产业、大型体育赛事等相关产业的出现促进了经济的发展，成为激发城市经济活力的一支催化剂。在纽约、伦敦、巴黎等一些发达国家城市，其城市经济甚至需要体育产业的支撑[3]。体育拉动城市经济水平发展可以体现在以下几个方面：

一是推动城市体育旅游业等相关产业的发展。大型体育赛事的举办可以为城市带来丰厚的门票收入，但更为重要的是增加了城市曝光度，促进流动人口及增加城市相关资源的开发利用，从而带动城市相关旅游产业的发展。城市举办体育赛事可以吸引大量观赛者和游客到举办城市及周边景点进行观光旅游[4,5]，让更多的人认识到城市的文化和特色，进而促进本地区饮食、住房、交通等旅游经济的发展。越来越多的城市将体育赛事作为城市旅游宣传的重要途径，开始积极丰富并细化体育活动的内容。众多体育赛事中，地区主导型体

---

[1] 赵巍. 体育经济功能研究. 商场现代化, 2006(5): 223-224.
[2] 罗智波, 熊茂湘, 谭新莉. 高校残疾体弱学生参与体育保健课状况的调查. 中国特殊教育, 2007(11): 9-13.
[3] 张志刚. 论体育赛事对城市发展的推动作用: 评《城市体育战略》. 现代城市研究, 2022(1): 135-136.
[4] 张政, 郭殿祥. 新时期体育赛事对城市经济的影响. 商业文化, 2022, 542(17): 135-136.
[5] 高忠锡. 大型体育赛事对城市经济发展的影响研究. 现代商贸工业, 2022, 43(19): 39-40.

育赛事能够最有效地利用城市及地区的现有资源,城市马拉松就是这类赛事的典型代表。大型马拉松赛事的参赛人员众多,能够为举办城市带来大量游客。同时很多城市又将马拉松赛事与旅游业相结合,如报名比赛送特色纪念品、比赛报名与景区门票捆绑等[1],这些做法都能带来巨大的经济收益。除了城市举办比赛能够吸引人们来当地旅游外,还有以运动为目的的运动体育旅游(如滑雪、爬山等),和以参观著名体育胜地的怀旧体育旅游(如参观著名体育馆、体育名人故居等)。这是城市自身所拥有的体育旅游资源吸引到了游客来观光旅游。体育除了能够助力当地旅游产业的发展进步外,体育场馆、健身器材等基础设施的修建也会带动建筑业、制造业等相关产业的发展,并为城市居民带来众多就业机会。

二是混合型体育产业促进城市产业结构优化升级。近年来,作为加快第三产业发展的有利因素,体育在第三产业中的比重呈增长态势。2015~2021年,我国体育产业年均增长率14.3%,增幅为122.9%,远高于第三产业74.3%的增幅。体育形成了跨越各行各业的一条产业链,并促进了健身服务业、休闲体育、体育保险、体育经纪人等新兴产业的发展,而第三产业规模的不断增长对促进城市产业结构优化升级具有重要作用[2]。

三是体育赛事的举办为城市带来经济效益。通过城市举办大型运动赛事的机会,体育各项产品的消费均能直接或间接地带来理想的经济效益,推动城市化进程。有研究发现,诸如奥运会、中华人民共和国全国运动会(简称"全运会")等大型赛事的举办可以给主办城市带来1.5%及1.01%的经济增长[3]。体育赛事的类型非常丰富,除了奥运会等专业型体育赛事外,还包括从儿童到老年人都可以参加的娱乐型体育赛事等,这意味着体育赛事影响力覆盖范围广,可以最大限度地为城市带来经济效益。当然也有一些小型赛事只有选手和相关人员参与,不需要花费巨额建设和安保费用,成本较低且能够获得相应的净收益。

四是促进居民体育消费。随着社会的发展,人们对物质和精神的多样化需求增多,使得体育与旅游、娱乐、媒体等行业不断融合发展,并产生了新的体育

---

[1] 秦沐.城市马拉松赛事影响的指标体系构建研究.北京:首都体育学院,2019.
[2] 柏景岚,任波.中国体育产业促进城市转型的作用与策略.体育学研究,2023,37(1):59-70.
[3] 孙克,刘伟,米靖.大型体育赛事与城市经济增长的协整分析:以北京、济南和广州为例.北京体育大学学报,2013,36(4):28-34.

产品,不仅满足了人民需求,还产生了新的体育消费市场,体育带给城市居民健全和多样的休闲娱乐场所,并以此来刺激消费者消费。此外,人们对体育功能的认知使得越来越多的人也开始参加体育活动,体育设施就得到了更充分的利用,而体育经营者则通过收取入场费和设施使用费来增加收益,激发了城市经济活力。2018年,上海市居民人均体育消费金额达2 580元,远高于全国平均水平。

(三) 提升城市文化软实力

城市文化软实力是指城市以物质文化和精神文化的方式,激发出强大的文化与意识形态吸引力,以及这种吸引力所体现出来的综合力量[1]。城市文化软实力是一个城市建立起独特竞争优势并保持可持续发展的内在动力的体现[2],而体育作为一种文化载体,不仅是城市软实力的重要表现形式,也是提升城市文化软实力的重要手段[3]。体育提升城市文化软实力可以体现在以下几个方面:

一是打造特色城市体育文化。体育是城市文化中最活跃的要素,是城市历史与现实、城市精神与物质的集中体现[4],从一个城市的开放度和包容度,到市民的精神面貌,都可以看到一个城市的体育文化水平[5]。城市可以借助体育赛事的举办来创建自己的体育文化,并形成自身独特的历史文化底蕴,展现城市的体育文化魅力。例如,上海作为"全球电竞之都",近几年来不仅举办了众多电竞赛事,还发展了独特的电竞赛事文化。同时,城市通过举办体育赛事可以增强城市居民的参与感与荣誉感,从而提升城市的体育文化氛围,促进城市的人文环境更加和谐,让更多的人参与到体育活动中来,达到培育社会文明风尚、动员全社会参与城市文化软实力建设等多重效果[6]。

二是扩大城市文化影响力。体育是国内、国际城市之间文化交流的平台载体之一。在体育赛事的开幕式与闭幕式中,往往会伴随着富于民族和地方特色

---

[1] 余阿荣.大型体育赛事对城市文化软实力影响研究.体育文化导刊,2017(12):8-12.
[2] 刘琨瑛,林如鹏.体育赛事与广州城市文化软实力发展研究.广州体育学院学报,2013,33(6):11-14.
[3] 石丽.试论现代体育对城市发展的促进.郧阳师范高等专科学校学报,2012,32(4):109-111.
[4] 马肇国,席亚健,薛浩,等.体育与城市文化品牌建设的互动效应和风险管理.北京体育大学学报,2018,41(12):64-72.
[5] 林宁,李凌.我国城市体育文化与城市文化的相容性分析.广州体育学院学报,2017,37(4):48-52.
[6] 阮伟.体育赛事与城市发展关系研究.北京:北京体育大学,2012.

的文化活动,不仅充分展现出体育与文学艺术、音乐等其他领域的结合,也提高了城市文化的表现力度和影响力[1]。例如,由张艺谋导演设计的北京奥运会开幕式,开场一幅巨大画卷缓缓拉开,随之映入眼帘的是活字印刷、京剧、古筝等,向世界展现了一个充满文化自信和底蕴的中国,"和为贵"的理念深入人心[2]。体育赛事也可以通过各种媒介的传播,让外界感受到主办城市的历史文化底蕴、城市风貌、风土人情、文化观念等,从而扩大举办城市的知名度和国际影响力,给城市文化软实力带来潜力巨大的发展良机。

三是塑造城市品牌形象。城市形象是指主体公众对城市内部要素(如基础建设、景观绿化等)和文化底蕴(如人文历史、民俗风情、政治面貌等)的主观反映,是对城市经济、文化、社会、生态等诸多要素的系统概括,以及公众对这些要素的整体感知和评价[3]。每个城市都有独特地理环境及人文环境,从而造就不一样的城市品牌形象。目前城市形象定位以会议型、文化型、美食型、体育型4种居多,而体育型城市发展之路是可持续、符合绿色环保要求的城市发展之路,像西班牙的巴塞罗那、英国的曼彻斯特、意大利的都灵等城市都是利用体育树立自身独特形象的典型成功案例[4]。目前,重大体育赛事已经成为举办城市的名片,城市正在借助大型赛事,将城市的性质和发展战略目标与体育赛事进行有机结合,从而挖掘城市的核心竞争力[5]。在互联网时代,举办大型体育赛事可以为一个城市带来众多关注度,从而提高城市的科技发展水平,提升城市的品牌效应,而当体育赛事的风格与举办城市的文化特色实现有利匹配时,体育赛事和城市将都能够获得积极形象,并且产生的效果和影响力将会更大更久远。除了重大体育赛事可以提升城市知名度外,知名的俱乐部、运动员、体育建筑等也能够给城市品牌形象的提升带来极大的推动力[6],在提升城市知名

---

[1] 林宁,李凌.我国城市体育文化与城市文化的相容性分析.广州体育学院学报,2017,37(4):48-52.

[2] 关煜.论张艺谋在奥运开幕式中的美学追求.文教资料,2009(11):50-53.

[3] 陈静.基于德尔菲法的全球著名体育城市评价指标体系的构建与实证研究.上海:上海体育学院,2020.

[4] 张小林."谋赛"到"谋城":国外体育赛事与城市品牌形象研究进展及其中国启示.南京体育学院学报,2020,19(5):38-44.

[5] 王敏,陈晓欣,林银斌,等.体育赛事体验对旅游目的地品牌影响研究:以广州马拉松赛为例.旅游学刊,2022,37(12):39-51.

[6] 张小林.国外近十年体育赛事与城市品牌形象研究进展及其对成都赛事名城建设的启示.四川体育科学,2022,41(4):1-5.

度方面有着举足轻重的作用。例如,2008年北京奥运会的举办让首都北京成为世界关注的焦点,进一步提升了北京在国际上的影响力,而且一改西方人眼中北京城市中满地自行车的场景[1],改善了城市形象,显著提升了综合实力。2022年冬季奥林匹克运动会(简称"冬奥会")首次在中国举办,作为国际影响力巨大的综合性赛事,冬奥会在国内具有举国瞩目的关注度。张家口是北京冬奥会的核心举办城市之一,北京冬奥会的举办大大提升了张家口市旅游目的地形象指数,城市综合竞争力显著提高[2]。

(四)改善城市生态环境

良好的城市生态环境是城市居民生活及经济社会发展的基础,也是实现城市可持续发展的必要条件,体育在促进城市绿色发展、改善城市生态环境质量方面起到了重要作用。体育改善城市生态环境质量可以体现在以下几个方面:

一是促进城市绿色发展。重大体育赛事能够为城市绿色发展、低碳转型提供动力,在赛事申办前城市会加大对城市生态环境的自检和集中治理,改善空气质量等。例如,广州在筹备亚洲运动会(简称"亚运会")期间,政府共投资15亿元用于污水治理、绿化、广场等城市环境建设,且相关数据显示,亚运会期间广州城市污水处理率达86%,空气质量优良天数达96%[3]。而在体育赛事举办过程中,政府则会借大型体育赛事的影响力进行环保宣传,积极倡导城市居民"绿色出行",最大限度地宣传生态环保的理念,以提高民众的环保意识。除此之外,重大国际体育赛事严格遵守碳中和承诺,这也是实现城市绿色发展的重要契机。例如,2022年北京冬奥会的举办使"绿色办奥"深入人心,通过低碳场馆、低碳能源、低碳交通、低碳办公等措施,最大程度减少碳排放[4],同时采取林业碳汇、企业捐赠等碳补偿方式,保障了北京冬奥会碳中和目标的顺利实现[5]。

---

[1] 李祗辉.大型节事活动对旅游目的地形象影响的实证研究.地域研究与开发,2011,30(2):110-112,118.

[2] 徐琳琳,周彬,虞虎,等.2022年冬奥会对张家口城市旅游地形象的影响研究:基于UGC文本分析.地理研究,2023,42(2):422-439.

[3] 卓明川,林晓.大型体育赛事对城市环境竞争力的影响.体育科技文献通报,2017,25(4):112-113.

[4] 人民日报海外版.北京冬奥会:绿色、低碳、可持续(冬奥同心圆).(2022-2-11)[2023-9-2]. http://paper.people.com.cn/rmrbhwb/html/2022-02/11/content_25902448.htm.

[5] 澎湃新闻.全过程碳中和、永久场馆再利用!《北京冬奥会可持续发展报告(赛后)》发布.(2023-2-6)[2023-9-2]. https://www.thepaper.cn/newsDetail_forward_21817733.

二是促进城市景观与基础设施改善。基础设施是城市经济与社会活动的基本载体,是保障人民生活和城市社会经济活动正常运转的物质基础。城市举办体育赛事会吸引外界大量关注,因此政府对城市景观设计及基础设施完善程度都有着更高的要求,且体育赛事会吸引大量企业投资,这为政府修缮城市基础设施、完善城市景观设计、改进城市服务体系提供了经济支持。举办体育赛事会伴随着大规模建设体育基础设施(例如,建设新的体育场馆、体育公园、体育社区等)、扩建新的道路、发展全新的交通网络、重新进行城市规划等,这不仅可以满足城市居民的体育需求,还完善了公共资源、提升了城市景观形象,为城市居民提供了清洁舒适的竞赛环境和生活环境[1],加快了城市发展的进程。例如,2007年西班牙巴伦西亚市为举办美洲杯帆船赛,投资8.6亿欧元用于改善通信设施和道路等城市基础设施建设。

---

[1] 温阳.国际大型体育赛事与城市发展研究:以上海国际网球赛事为例.南京体育学院学报(自然科学版),2017,16(4):7-11.

第二章

全球体育城市

第一节 全球体育城市理论基础与基本概念

一、世界城市与全球城市理论

(一) 世界城市的起源与概念

1. 城市

从不同角度对城市概念进行定义具有不同的侧重点,在《现代汉语词典》中,城市是人口集中、工商业发达、居民以非农业人口为主的地区,通常是周围地区的政治、经济、文化中心。随着城市的不断发展扩大,关于城市的概念、规模及功能有了进一步的研究,从城市等级角度研究,目前主要按照城市规模和城市功能及影响力将城市分为两个大类,即按照城区人口数量划分出现了"巨型城市""特大城市""大城市"等相关术语;按照城市功能以及影响力则出现了"全球城市""区域中心城市"等概念。

2. 世界城市的形成与发展

世界城市这一概念最早是由德国学者戈尔特(Gorthe)于1889年提出,他认为在19世纪末期,世界范围内只有罗马和巴黎两座城市是世界城市(welstadt,德语"世界城市")。帕特里克·盖迪斯(Patrick Geddes)(1915)在制定英国城市发展规划的过程中首次界定这一概念为"有一定数量商业活动的城市"[1]。彼得·霍

---

[1] GEDDES P S. Cities in evolution: an introduction to the town planning movement and to the study of civics. Social Theories of the City,1915,4(3):236-237.

尔(Peter Hall)(1966)发表的《世界城市》中定义了"世界城市"为世界范围内，在经济、政治、文化等方面都处于发达且顶端位置，并对世界大多数国家及城市产生影响，富裕阶层人口比例大、娱乐产业发达、人口规模庞大、信息聚集，是国家政治权利、贸易金融、专业人才及信息传播的中心[1]。随着全球制造业和信息业不断革新，彼得·霍尔在2015年发表的文章指出这种革新产生与交换了越来越多的信息，其结果是形成了由少数全球城市主宰的新城市等级体系。全球城市在地球的分布很大程度上依赖于历史机遇，北美、欧洲的国家，以及日本的城市等级体系之间存在本质差异，但高层次的城市发展集聚于很小的轴带范围内[2]。

随着世界格局的改变及工业革命的第三次变革，世界市场初步形成。美国学者约翰·弗里德曼(John Friedmann)(1986)将世界城市形成的基本动力归结为由跨国公司主导的，以公司内部贸易和产品内贸易形式展开的，新的国际劳动分工。他认为，世界城市形成的原因是跨国公司在全球的业务及在国际上的贸易所形成的分工，并由此提出了"世界城市假说"(The World City Hypothesis)。他指出，世界城市对全球经济起到一种指挥和控制的作用，其主要特征有7个方面，即金融中心、跨国公司总部聚集、全球化国际化的组织聚集、第三产业高度发达、制造业的中心、交通枢纽发达、人口数量庞大，试图揭示出全球化对城市社会经济结构的深刻影响[3]。

3. 世界城市理论的形成与发展

如前文所述，20世纪60年代的"世界城市"仅仅是世界性大城市的代名词，未从城市发展的历史背景和理论背景上看，从而没有真正开启世界城市的理论研究。直到新国际劳动分工的出现，经济全球化趋势不断发展，世界城市的理论研究开始形成并快速发展。20世纪80~90年代约翰·弗里德曼提出，世界城市是全球化的产物，是全球经济控制中心的观点，从而开启了世界城市理论研究的开端。1991年，萨斯基娅·萨森(Saskia Sassen)通过对伦敦、纽约和东京3个城市详尽的数据分析后提出"全球城市"理论，他是世界城市指标体系研

---

[1] HALL P. The world cities. London: Weidenfeld and Nicolson, 1966.
[2] HALL P. The global city. International Social Science Journal, 2015, 48(147): 15-23.
[3] JOHN FRIEDMANN. The world city hypothesis. Development and Change, 1986, 17(1): 69-83.

究的开创者[1]。此后城市理论不断延伸和发展,2000年英国学者彼特·泰勒(Peter Taylor)开始了世界城市网络研究。该研究是目前世界城市理论最前沿的理论方法。在该理论的支持下,彼特·泰勒还组建了"全球化与世界城市研究小组与网络"(Globalization and World Cities Study Group and Network,GaWC)并发布"GaWC世界城市排名",该排名是目前全球最具影响力的城市排名之一[2]。

(二)全球城市的起源与概念

近现代以来,产业结构的变革,全球经济增长进入一个新的历史时期,发达国家中的大城市承担的角色功能以及内部产业结构发生了巨大变化[3]。美国经济学家理查德·科恩(Cohen Richard)(1981)提出"全球城市"概念,他认为全球城市在新国际劳动分工中起到协调和控制作用,并运用"跨国指数"和"跨国银行指数"来测量全球化中城市所发挥作用的程度,结果显示只有纽约、伦敦、东京这三座城市属于全球城市[4]。

萨斯基娅·萨森(1991)认为,全球城市是因为在经济全球化的作用下少数城市通过不断集聚对其他城市及有关业务产生了控制功能,强调全球城市是世界国际金融位置的中心,突出特征是高级生产服务业在城市中的作用巨大,如广告业、银行金融业、法律、保险业、投资与管理咨询、房地产业等,将全球城市归纳为服务型产业的聚集地[1]。

Castells(1996)在萨森研究的基础上,提出了"流空间"(space of flow)的概念,认为资本、信息、技术和人才在全球网络中占据有利优势,其流动所形成的空间称为"流空间",在这个空间中的节点城市就是全球城市[5]。对全球城市及评价体系的研究角度近几年更加侧重于城市网络、等级体系、组织网络、实际

---

[1] SASSEN S. The global city: New York, London and Tokyo. Princeton: Princeton University Press, 1991.

[2] GA W C. The world according to GaWC 2018. (2018-11-19)[2022-12-20]. https://www.lboro.ac.uk/gawc/images/GaWCLinks2018_alphabeta.pdf.

[3] 余佳,余佶."巨型城市""世界城市"与"全球城市":兼论上海在"全球城市"网络层级中的位置.中国浦东干部学院学报,2012(4):111-119.

[4] RICHARD C. Multinational corporations, and urban hierarchy in urbanization and urban planning in capitalist society. New York: Methuen, 1981.

[5] CASTELLS M. The rise of the network society. Oxford: Black-well, 1996.

可操作指标与评价排行[1, 2]以及区域特征[3]等方面。

随着国民经济的快速增长,中国自加入世界贸易组织(简称"世贸组织")以后,中国经济的发展与世界经济息息相关,中国很多超大城市(如北京、上海、广州、深圳)在世界城市体系中的作用和地位日益突出,引发国内外学界的广泛关注,我国学者周振华(2006)研究了全球化、城市网络与全球城市三者之间的逻辑关系,认为全球化的演变过程对城市在世界体系中扮演的角色发挥着重要作用,形成以城市为中心的空间网络的根本原因在于日益深化的经济全球化[4]。国内的其他学者主要从全球城市的构建逻辑[5]、全球城市发展模式[6]、全球城市网络[7]及全球城市的区域联动发展[8]等方面进一步丰富和发展了全球城市理论。

尽管不同的学者在不同时期、从不同角度和采用不同研究方法对全球城市的界定存在差异,但是在全球城市的基本概念和内涵上的界定存在共性,即全球城市是在全球经济高度一体化的环境下,在制造业、信息业的不断变革及第三产业的兴起过程中,资本、信息、人才等流动的增加而形成的空间网络的节点,对全球范围内的经济、政治、文化、交通、信息等的互通起到枢纽作用,承担高层次商业化专业化的服务功能并具有配套设施,是服务型产业与金融创新产业的中心,是全球性资源的聚集地和配置中心,在世界层级体系中处于顶端位置。

(三) 全球城市与世界城市

大部分学者对"全球城市"和"世界城市"未进行特别的区分,但两者的研究

---

[1] TAYLOR P J, WALKER D R F. World cities: a first multivariate analysis of their service complexes. Urban Studies, 2001, 38(1): 23-47.

[2] BEAVERSTOCK J V, SMITH R G, TAYLOR P J. World-city network: a new metageography? Annals of the Association of American Geographers, 2000, 90(1): 123-134.

[3] SCOTT A. Global city-regions: trends, theory, policy. Oxford: Oxford University Press, 2001.

[4] 周振华. 全球化、全球城市网络与全球城市的逻辑关系. 社会科学, 2006(10): 17-26.

[5] 许鑫, 汪阳. 中国全球城市构建的三维逻辑: 制度环境、区位引力与空间正义. 经济与管理研究, 2017, 38(9): 36-44.

[6] 周振华. 我国全球城市崛起之发展模式选择. 经济学动态, 2007(6): 51-54.

[7] 张少军, 刘志彪. 全球价值链与全球城市网络的交融: 发展中国家的视角. 经济学家, 2017, 10(6): 33-41.

[8] 彭震伟, 赵小艳, 王兰, 等. 长三角全球城市区域发展与上海全球城市建设. 科学发展, 2016(94): 95-104.

角度有所不同,余佳等(2012)认为弗里德曼的"世界城市假说"较为综合地从城市各个方面论述世界城市发展过程,而萨森的"全球城市"理论则从生产性服务产业的角度侧重于企业区位的选择来研究城市[1]。

早期研究并未明确辨析世界城市和全球城市概念的异同,甚至将两者互用。随着研究深入,全球城市的概念不断精确,逐渐将关注点聚焦于特定城市在经济全球化中的组织作用,而不是城市本身[2]。Doel等(2002)认为,"世界城市"一词存在国际尺度上的领导力、全球经济发展方向指引、处于世界城市体系中的高级别以及全球移民主要集聚地区4种解释,导致"世界城市"概念本身模糊不清。城市应当加入全球网络,在参与全球空间和网络中"流"的创造、转化和调节中提升其竞争力[3]。从研究重点看,世界城市更多依赖于历史性的影响,学术界对其研究主要是对已经存在的且发展成熟的世界级大型城市的分析,而全球城市关键在于其经济、文化和消费职能等方面的全球化程度,其是世界城市化发展的一个必然现象,处于城市发展的高级形态,在社会、经济、文化和政治层面直接影响着全球事务。

综合以上对全球城市与世界城市的辨析,本书认为"全球城市"无论是从概念上,还是从研究的重点上,更加符合本研究的研究逻辑和研究内容。因此,本书采用"全球体育城市"的表述进行接下来的相关研究与分析。

二、全球体育城市的基本概念

(一)体育城市

在体育全球化与城市国际化的背景下,随着全球经济、政治、科技、文化和体育等方面的进一步交流与融合,世界上各个大城市之间的竞争已经远远超越国家或区域界限而上升至国际竞争。体育能够扩大城市在全球的影响力范围,改造甚至重塑城市形象,举办体育赛事促进城市内在基础设施改造,帮助城市完成转型。毫无疑问,体育已经成为提升城市竞争力的重要部分,越来越多的

---

[1] 余佳,余佶.巨型城市、"世界城市"与"全球城市":兼论上海在"全球城市"网络层级中的位置.中国浦东干部学院学报,2012(4):111-119.

[2] 姜炎鹏,陈囷桦,马仁锋.全球城市的研究脉络、理论论争与前沿领域.人文地理,2021,36(5):4-14.

[3] DOEL M, HUBBARD P. Taking world cities literally. City, 2002, 6(3):351-368.

城市开始倾向于运用体育与城市建设相融合的方式来达到城市在整体水平和全球竞争力上的快速提升。于是,体育城市建设成为众多国际城市发展的上佳选择之一。

目前,学术界对于"体育城市"的概念还未进行严格的定义,国内学者对体育城市的界定主要从体育与城市之间的关系入手。陈林华等(2016)认为,体育城市是具有城市独特体育要素文化、有浓厚的体育文化积淀且体育产业差异化优势明显的城市,这一类城市一般能够满足利益相关者对于体育持续的、关联的个性化需求,居民对于体育与城市的认同感和满意度较高。他认为,上海提出的建设全球著名体育城市概念,是考虑到了城市实际情况与发展需求,以满足相关利益者与潜在利益者对上海的期望所制定的目标规划,体育城市的概念属于体育品牌城市这一范畴。上海通过体育这一载体,进行内容与媒体营销从而增加城市魅力,提升城市知名度与美誉度,使得体育成为上海这座城市的名片,以吸引更多的资源和投资[1]。

王成等(2015)认为,体育城市的概念应包含动态和静态两个方面,从静态角度,他认为体育城市是一个结果的体现,具有现代城市文化的代表意义。从动态角度,体育城市则是体育与城市融合发展的过程[2]。

李少龙(2011)从体育城市建设发展战略的角度,通过对伦敦、巴塞罗那、东京、北京、上海、广州、南京这几座城市建设理念、模式、规划策略、概况以及建设阶段的案例分析,得出体育城市的概念。他认为,体育城市建设硬件条件应该具备大型体育企业的资本运作能力,具备一定的与体育有关的科技、贸易、文化交流及场所设施,具备以体育产业为主的产业园区、居民健身休闲的空间布局、以体育博物馆等为主的体育文化区和各种支撑的城市基础设施供给,以及与此对应国际国内相融合的体育旅游[3]。

国外对于体育城市的研究更偏向实务性。例如,英国的 Sportcal 公司对体育影响力的评估标准、方法与实现路径进行研究,并形成了以体育赛事影响力为核心的指标体系,用以评价体育赛事所在城市的影响力。

目前学术界对于体育城市的概念还未进行严格的定义,国内外普遍认为体

---

[1] 陈林华,吴作好.基于赛事网络视角的上海国际著名体育城市建设.体育科研,2016,37(4):14-21.
[2] 王成,张鸿雁.美国体育城市的类型特征、创建成因与本土启示.体育科学,2015,35(10):82-89.
[3] 李少龙.体育城市建设发展战略探究.体育与科学,2011,32(4):54-59.

育城市就是通过体育运动这一载体,建成深厚的体育文化体系;以精神文明建设、经济发展为向导,掌握具有影响力的大型体育赛事资源,以及拥有配套的场馆场地资源的城市。综上,体育城市一般被认为是城市发展建设过程中体育产业占比大、体育要素突出的城市,表现为具有浓厚的体育文化、丰富的体育赛事资源、众多的体育人口等,并且一直随着城市发展而不断完善。

(二) 全球体育城市概念

随着全球化的发展,以及全球城市理论和实践的延伸,体育城市的讨论和研究也向着"全球化"的方向发展,越来越多的国内学者开始提出全球体育城市、全球著名体育城市的概念。与一般的体育城市不同,学者普遍认为全球体育城市或全球著名体育城市中城市自身的全球化水平、全球体育影响力水平等应是关键。

刘东锋(2018)认为,全球体育城市位于城市网络等级顶端,是对全球体育生态有影响和辐射的节点城市,其通过梳理国际上较为知名且认可度较高的全球体育城市指标排行,分析总结世界公认全球体育城市的普遍规律,归纳得出全球体育城市核心表观特征为全球优质体育资源、高端体育产品服务、全球体育文化传播交流[1]。

黄海燕(2016)认为,全球著名体育城市是目前来说对世界体育生态以及与体育相关事务产生重大影响的城市,这一类城市一般会有密集的大型体育赛事的举办,是很多世界级巡回赛必经的节点城市,也是辐射区域广、国际影响力大的中心城市,拥有完善综合的体育赛事体系,城市体育基础设施科学合理,高水平体育俱乐部数量较多且在国际上具有知名度,体育文化浓厚,充斥着强烈的体育氛围[2]。

宋忠良(2012)将国际体育中心城市定义为具备综合和主导功能,在国际体育事务活动中处于顶级且重要地位的城市,一般为世界级别的特大城市[3]。

肖焕禹等(2010)从世界城市理论的角度出发,认为国际体育城市是体育赛事举办与体育文化建设都处于世界前列,在体育方面对城市周边乃至于全世界

---

[1] 刘东锋.论全球体育城市的内涵、特征与评价.南京体育学院学报(社会科学版),2018,1(4):58-65.
[2] 黄海燕.上海建设全球著名体育城市的若干思考.体育科研,2016,37(4):11-13.
[3] 宋忠良.国际体育中心城市评价指标体系理论与实证研究.福州:福建师范大学,2012.

都具有很强的辐射力,该定义重点强调体育赛事举办的数量和城市体育文化的建设这两个方面[1]。

综合上述学者的观点,基于世界城市理论本书认为,全球体育城市指的是,在全球范围内被公认的、具有极强体育特色和影响力的世界级城市。这类城市具有高层次专业化体育服务功能,在全球体育文化生态网络中占据主导地位和起到重要的枢纽作用,在国际上具有较强体育影响力和辐射力。

具体来看,全球体育城市是在一定的经济基础支撑下,通过明确体育建设目标和发展规划,使竞技水平达到一定的高度,塑造城市独特体育形象品牌。全球体育城市的大众体育比较活跃,体育赛事影响力大并具备营销能力,使国内外公众对城市体育要素形成整体感知与评价。

这类城市拥有发达的体育产业,具备高层次体育服务功能,可吸引全球优质体育资源,凸显其在全球体育文化和生态网络中的主导地位和枢纽作用,有较强的体育影响力和辐射力。此外,城市在体育生态中的地位和影响力、辐射力又可以补充完善反作用于城市基本要素、城市传播及城市体育功能,全球体育城市概念逻辑如图2-1所示。

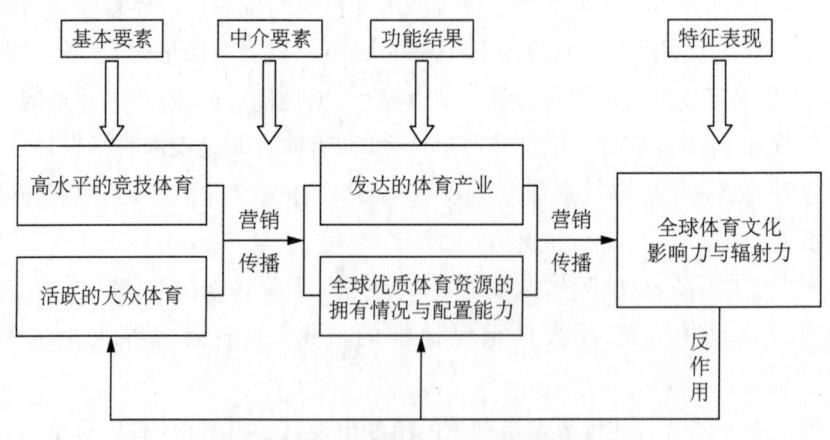

图2-1 全球体育城市概念逻辑图

---

[1] 肖焕禹,李文川,方立.上海建设国际知名体育城市研究.体育科研,2010,31(2):1-6.

第二节 国外主要体育城市排行榜及其指标体系简介

体育城市的评价目前比较通行的一种做法就是由第三方专业评价机构按照一定的程序与标准,以及特定的评价指标体系对城市的体育发展及其影响力进行评价与排名。目前国际上有一定认可度的、由专业机构定期发布的有关国际体育城市评价的榜单主要有3个:分别是英国 Sportcal 公司发布的全球体育城市影响指数(Global Sport Impact Cities Indices,GSI Cities Indices)、英国 SportBusiness 公司开展的世界顶级体育城市奖(Ultimate Sports Cities Awards)评选以及博雅凯维(Burson Cohn & Wolfe,BCW)传播公司推出的 BCW 体育城市排行榜(Sport City Ranking)。其中,SportBusiness 公司的世界顶级体育城市奖评选历史最长,始于 2006 年,每 2 年评选 1 次;而另外两家排行榜均始于 2012 年,且都是年度评选,而博雅凯维传播公司系 2018 年由原博雅公关与凯维公关合并组成的全球最大的公关与传播公司,合并之后继续推出由原博雅公司分支机构博雅体育发布的 BCW 体育城市排行榜。除以上 3 个榜单外,国内外也有学者、城市开展了全球体育城市评估的研发和评选。

一、全球体育城市影响指数

(一)全球体育城市影响指数的发展

Sportcal 公司成立于 1991 年,总部位于英国伦敦,是一家专业从事体育产业情报信息调研与咨询的跨国企业,其发布的年度全球体育影响报告中,依据大型体育赛事的申办与举办情况发布全球体育影响力国家与城市指数排行榜,在业内具有一定的知名度与声望。

Sportcal 公司于 2011 年启动全球体育影响项目,旨在构建基于大型赛事的全球体育影响力的评估标准、方法与实现路径,为体育的利益相关者提供相关的信息参考。2011 年 11 月,有 200 多名体育界专家参与填写了 Sportcal 公司发起的网上问卷,该问卷旨在设计评估赛事影响的关键指标,并衡量其相对重要性。填写问卷的专家来自体育界各个领域,包括学术专家、建筑师、咨询师、联合会和管理机构人员、政府组织人员、国家奥委会人员等。专家调查问卷工作完成后，Sportcal公司构建了全球体育影响力的评价指标体系与方法，据此可以依据赛事举办的关键数据开展赛事整体影响的评估。在此方法基础上，Sportcal公司开始着手构建体育赛事数据库及相关指标影响数据收集，并对其进行标准化与分类，最终实现基于体育赛事影响力的全球体育城市的评分和排名。

2012年，Sportcal公司利用其赛事数据库的信息，开始对全球范围内国家与城市的体育赛事举办及其影响力情况进行计算排名，并首次发布全球体育城市影响指数，自2014年开始该指数每年发布。在2019年4月30日Sportcal公司发布的全球体育城市影响指数中，中国在国家榜单中打破了美国对于该榜单连续3年的垄断，升至第1名；在城市榜单中，中国有3座城市入围前30，分别是北京（第8名）、南京（第11名）和成都（第28名）（表2-1、表2-2）。

表2-1　2019年，Sportcal公司发布的全球体育城市影响指数国家排行

排名	赛事数量	国家	影响指数分值
1	43	中国	40 709
2	49	美国	40 619
3	29	日本	39 631
4	30	英国	32 770
5	32	俄罗斯	32 378
6	42	加拿大	29 925
7	28	法国	28 196
8	37	德国	27 846
9	29	意大利	22 858
10	19	西班牙	19 192

资料来源：http://www.sportcal.com/。

表2-2　2019年，Sportcal公司发布的全球体育城市影响指数中国城市排行

排名	赛事数量	城市	分值
8	7	北京	8 388

(续表)

排名	赛事数量	城市	分值
11	6	南京	6 615
28	4	成都	4 087
37	5	上海	3 446
42	3	张家口	3 279
46	2	杭州	3 128

资料来源：http://www.sportcal.com/。

(二) 全球体育城市影响指数的评估体系

1. 核心评估指标：体育赛事

全球体育城市影响指数的评估指标体系主要聚焦全球各个城市举办的体育赛事的数量及其影响力。根据全球体育影响项目评估体系的核心指标（即赛事大小、规模、影响等）对应至各个评分标准，对每个城市举办的各项体育赛事影响力进行评分，并将受评估城市在同一评估周期内的所有赛事得分加和，最终得出各城市在特定评估周期内的全球体育影响总分及排名。

2. 赛事数据来源与特征

全球体育城市影响指数评估的赛事数据均源于Sportcal公司构建的赛事数据库，且只有符合Sportcal体育赛事影响评估标准的赛事才会被纳入数据库中。据称Sportcal赛事情报中心每天都在获取全球赛事申办信息，并持续监督600多项赛事的申办，拥有3 000多项完整的申办过程档案。收集后的赛事数据经过筛选，进入世界锦标赛（简称"世锦赛"）、综合性运动会等对应的赛事类目中并最终构成Sportcal公司的全球体育城市影响指数数据库，用于全球体育影响评价。

从评估实际看，世界上每年举办的赛事中有70~80项被纳入全球体育城市影响指数评价。例如，2013~2016年奥运周期，被纳入评价范围的赛事数量分别为，2013年80项、2014年86项、2015年87项，而2016年里约奥运年则有70项赛事被纳入（表2-3）。

表2-3 2016年体育赛事全球影响积分与排名

运动类别	赛事名称	全球体育影响积分排名	全球体育影响积分	经济影响占比	体育影响占比	媒体影响占比	社会影响占比
奥运会	2016年里约热内卢奥运会	1	10 102	29%	26%	22%	24%
残奥会	2016年里约热内卢残奥会	2	3 538	62%	15%	17%	7%
足球	2016年法国欧洲杯	3	3 320	64%	8%	22%	6%
足球	2016年百年美洲杯	4	3 075	67%	7%	20%	6%
板球	2016年国际板球理事会T20世界杯	5	2 505	66%	8%	20%	6%
冰球	2016年世界男子冰球锦标赛	6	2 415	63%	9%	23%	6%
冰球	2016年冰球世界杯	7	2 403	63%	8%	24%	6%
奥运会	2016年冬季青年奥运会	8	2 349	58%	20%	13%	9%
高尔夫	2016年高尔夫莱德杯	9	2 139	64%	5%	21%	9%
五人制足球	2016年国际足联五人制足球世界杯	10	2 060	53%	11%	29%	7%
冬季两项	2016年冬季两项世界锦标赛	11	1 792	61%	14%	15%	10%
冲浪	2016年世界冲浪大奖赛	12	1 756	70%	11%	16%	3%
越野自行车	2016年世界山地自行车越野及障碍锦标赛	13	1 739	55%	13%	23%	9%
山地自行车	2016年国际自行车联盟世界山地自行车和攀爬车锦标赛	14	1 688	49%	18%	25%	8%
铁人三项	2016年国际铁人三项联盟世界铁人三项系列赛	15	1 669	43%	16%	33%	8%
铁人三项	2016年国际铁人三项联盟世界铁人三项混合接力锦标赛	16	1 664	50%	9%	33%	8%
花样滑冰	2016年世界花样滑冰锦标赛	17	1 663	66%	14%	12%	8%
游泳	2016年国际游泳联合会世界短池游泳锦标赛	18	1 661	33%	25%	33%	9%

(续表)

运动类别	赛事名称	全球体育影响积分排名	全球体育影响积分	经济影响占比	体育影响占比	媒体影响占比	社会影响占比
田径	2016年国际田径联合会第16届世界室内田径锦标赛	19	1 563	35%	23%	32%	10%
跳台滑雪	2016年国际雪联滑雪世界锦标赛	20	1 536	63%	9%	19%	9%
地板球	2016年世界男子地板球锦标赛	21	1 529	63%	13%	16%	8%
场地自行车	2016年国际自行车联盟世界场地自行车锦标赛	22	1 484	46%	17%	30%	6%
空手道	2016年世界空手道锦标赛	23	1 484	46%	27%	17%	10%
定向越野	2016年诺记轮胎世界定向越野锦标赛	24	1 340	41%	20%	26%	13%
冰壶	2016年世界男子冰壶锦标赛	25	1 339	51%	10%	32%	7%
足球	2016年大洋洲国家杯	26	1 324	52%	11%	26%	10%
田径	2016年国际田径联合会世界竞走团体锦标赛	27	1 312	39%	22%	30%	8%
篮球	2016年国际篮球联合会世界三对三篮球锦标赛	28	1 278	64%	17%	12%	7%
拳击	2016年国际拳击总会世界女子拳击锦标赛	29	1 244	44%	23%	24%	9%
乒乓球	2016年世界乒乓球锦标赛(团体赛)	30	1 232	33%	28%	29%	9%
冰球	2016年国际冰球联合会世界女子冰球锦标赛	31	1 195	72%	13%	4%	12%
公路自行车	2016年国际自行车联盟世界公路自行车锦标赛	32	1 193	26%	29%	33%	12%
运动会	2016年泛美老将运动会*	33	1 173	31%	48%	0	21%
冰壶	2016年福特世界女子冰壶锦标赛	34	1 161	71%	12%	11%	7%

（续表）

运动类别	赛事名称	全球体育影响积分排名	全球体育影响积分	经济影响占比	体育影响占比	媒体影响占比	社会影响占比
羽毛球	2016年道达尔羽毛球世界联合会汤姆斯杯暨尤伯杯赛	35	1 020	54%	21%	18%	8%
小轮车	2016年国际自行车联盟世界小轮车锦标赛	36	1 017	27%	24%	41%	8%
运动会	2016年亚洲沙滩运动会	37	1 008	41%	36%	5%	18%
田径	2016年国际田径联合会/卡迪夫大学世界半程马拉松锦标赛	38	979	11%	25%	46%	19%
攀岩	2016年国际攀岩联合会世界锦标赛	39	970	28%	30%	32%	10%
速度滑冰	2016年世界速滑单项锦标赛	40	865	48%	23%	17%	12%
赛艇	2016年青少年及U23青少年世界赛艇锦标赛	41	853	16%	44%	23%	16%
无舵雪橇	2016年无舵雪橇世界锦标赛（人工赛道）	42	752	37%	24%	33%	6%
壁球	2016年职业壁球协会世界男子壁球锦标赛	43	705	19%	30%	46%	4%
击剑	2016年世界击剑锦标赛	44	696	20%	26%	47%	7%
棒球	2016年LG世界棒垒球联盟女子棒球世界杯	45	661	42%	25%	26%	7%
壁球	2015年职业壁球协会世界女子壁球锦标赛（延期举行）	46	660	21%	26%	49%	5%
跳水	2016年国际游泳联合会跳水世界杯	47	653	28%	50%	0	22%
跆拳道	2016年世界跆拳道联合会世界跆拳道团体锦标赛	48	628	22%	22%	51%	5%

（续表）

运动类别	赛事名称	全球体育影响积分排名	全球体育影响积分	经济影响占比	体育影响占比	媒体影响占比	社会影响占比
铁人三项	2016年国际铁人三项联盟长距离铁人三项世界锦标赛	49	610	23%	37%	0	40%
现代五项	2016年现代五项世界锦标赛	50	605	23%	38%	22%	18%
山地自行车	2016年国际自行车联盟山地自行车马拉松世界锦标赛	51	604	23%	38%	16%	23%
射箭	2016年世界室内射箭锦标赛	52	599	22%	41%	25%	13%
室内自行车	2016年国际自行车联盟世界室内自行车锦标赛	53	584	47%	31%	8%	13%
垒球	2016年世界棒垒球联盟女子垒球世界锦标赛	54	583	24%	42%	8%	26%
射箭	2016年世界原野射箭锦标赛	55	570	32%	57%	0	11%
轮滑	2016年世界速度轮滑锦标赛	56	569	24%	48%	9%	19%
柔术	2016年世界柔术锦标赛	57	538	26%	51%	9%	14%
短道速滑	2016年世界短道速滑锦标赛	58	521	26%	41%	24%	9%
速度滑冰	2016年世界速滑全能锦标赛	59	515	27%	30%	29%	15%
帆船	2016年国际帆船总会女子对抗赛世界锦标赛	60	514	60%	21%	13%	6%
宽板滑水	2016年国际滑水暨宽板滑水总会缆绳滑水世界锦标赛	61	513	20%	42%	29%	9%
同步滑冰	2016年世界同步滑冰锦标赛	62	491	28%	46%	10%	16%
现代五项	2016年国际现代五项总会冬季两项和铁人三项世界锦标赛	63	490	28%	49%	13%	9%

(续表)

运动类别	赛事名称	全球体育影响积分排名	全球体育影响积分	经济影响占比	体育影响占比	媒体影响占比	社会影响占比
有舵雪橇	2016年有舵雪橇和俯式冰橇世界锦标赛	64	486	28%	47%	15%	10%
速度滑冰	2016年世界速滑短距离锦标赛	65	484	28%	32%	31%	10%
铁人三项	2016年国际铁人三项联盟越野铁人三项世界锦标赛	66	466	30%	48%	0	22%
沙滩手球	2016年世界沙滩手球锦标赛	67	415	33%	48%	12%	7%
射击	2016年国际射击运动联合会移动靶世界锦标赛	68	401	34%	46%	12%	8%
短柄墙球	2016年国际短柄墙球总会世界短柄墙球锦标赛	69	395	35%	43%	19%	4%
铁人三项	2016年国际铁人三项联盟冬季铁人三项世界锦标赛	70	352	29%	30%	14%	26%

资料来源：Sportcal全球体育影响力报告，数字未做任何改动，均为引用原数据。
* 为2016-Pan-American Masters Games。

2016年，70项赛事被纳入全球体育城市影响指数评估的赛事中，欧洲举办了32项，占比接近一半，北美洲举办了16项，亚洲举办了12项，南美洲7项，大洋洲2项，而非洲仅举办了2016年职业壁球协会世界男子壁球锦标赛这1项比赛。

根据对以上赛事的分析，Sportcal赛事数据库的纳入标准主要体现在以下几个方面：

（1）赛事项目：主要为夏季和冬季奥运会常规比赛项目以及部分得到国际奥委会认可的体育运动，涉及约80个体育项目。

（2）赛事级别：单一项目赛事主要为各体育项目的世界杯、世界锦标赛；综合性赛事则主要为有较大影响力的全球或洲际性的综合性运动会，如奥运会、残奥会、大运会、世界特殊奥林匹克运动会（简称"特奥会"）、夏季青年奥林匹克运动会(简称"青奥会")、英联邦运动会、非洲运动会、亚运会、欧洲运动会、太平洋运动会等。2016年举办的纳入数据库的70项赛事中,有5项是综合性赛事,分别是2016年奥运会、2016年残奥会、2016年冬季青年奥林匹克运动会(简称"冬季青年奥运会"或"冬青奥会")、2016年泛美老将运动会和2016年亚洲沙滩运动会,其他主要为世界锦标赛。另外,4项影响力较大的洲际锦标赛如足球欧洲杯也首次被纳入其中。

(3) 赛事的性质:目前纳入评估指标的赛事主要为不固定举办地点的需要申办的赛事,因此固定举办的重复性赛事如网球四大满贯、世界一级方程式锦标赛(F1)等没有被列入其中。

3. 赛事影响评估方法与数据采集

Sportcal公司每年会对纳入评估系统的最近一个年度的赛事进行赛事影响评估并测算其全球影响分值。一般来说,数据采集的周期为一年,数据采集的时间截止于评估年度次年的3月31日。例如,2017年会对2016年度举办的赛事进行评估,数据采集截至2017年3月31日。

Sportcal公司的全球体育赛事城市影响指数评估基于其构建的标准化的影响指数评估体系,其中一级指标被称为支撑要素,主要包括经济、体育、媒体以及社会4个方面的影响。二级指标被称为驱动因素,指对每个支撑要素产生影响的领域。例如,对于媒体影响这一支撑要素包括电视转播数量、份额等驱动因素。赛事影响评估指标体系还设计了多达50个指标观测点,根据这些观测点来采集对应的数据,并计算其全球体育影响分值。全球体育城市影响指数评估体系具体内容如表2-4所示。

表2-4 全球体育城市影响指数评估体系

支撑要素	驱动因素
经济影响	赛事吸引观众数量、赛事上座率、吸引游客在主办地逗留期间的消费额、在主办地的逗留时间及逗留地点、平均逗留时间及每日花费;赛事参与者消费包括运动员、随队官员、技术官员、媒体等的消费;比赛持续时间、比赛期间当地酒店入住人数及入住率
体育影响	参赛国分析、运动员分析、冬夏世界锦标赛分析、运动员性别分析、奖牌分析;通过分析2016年举办的70项综合性运动会、世界锦标赛,包含分析参赛选手、国家、类型、性别平等性和奖牌获取情况,参赛国家及国际联合会成员情况

(续表)

支撑要素	驱动因素
媒体影响	分析包括直播和回放的电视转播情况;电视转播的扩展,包括新闻和杂志类节目;赛事是否在线播放,以及在线播放的国家数
社会影响	赛事志愿者人数

资料来源：Sportcal announces latest editions of its GSI Indices（https://www.sportcal.com/pressreleases/sportcal-announces-latest-editions-of-its-gsi-indices/）。

2016年纳入评估范围的70项赛事中,2016年奥运会全球影响积分高居榜首(表2-3)。以2016年奥运会为例,2016年奥运会的全球影响积分为10 102,其中经济影响、体育影响、媒体影响以及社会影响得分的占比分别为29%、26%、22%和24%。

4. 计算周期与年份权重

全球体育城市影响指数评估的计算周期为14年,即将过去7年(含当年)举办的赛事和未来7年已经获得主办权的赛事纳入指数评分计算范围,从而包含了至少3个奥运周期的赛事。例如,2017年的城市指数便是基于2011~2024年的全球体育赛事计算出来的(表2-5)。

表2-5　2017年(2011~2024年周期)全球体育城市影响指数前20名

排名	城市	赛事	总分
1	伦敦(英国)	13	18 695
2	里约热内卢(巴西)	7	16 632
3	东京(日本)	11	16 163
4	莫斯科(俄罗斯)	14	13 123
5	多哈(卡塔尔)	10	12 068
6	巴黎(法国)	13	10 935
7	布达佩斯(匈牙利)	11	9 182
8	哥本哈根(丹麦)	8	7 151
9	北京(中国)	7	7 135
10	喀山(俄罗斯)	6	6 226
11	索契(俄罗斯)	6	5 695

(续表)

排名	城市	赛事	总分
12	巴库(阿塞拜疆)	6	5 633
13	赫尔辛基(芬兰)	7	5 627
14	格拉斯哥(英国)	5	5 490
15	平昌(韩国)	3	5 274
16	因斯布鲁克(奥地利)	7	5 169
17	鹿特丹(荷兰)	8	5 059
18	奥克兰(新西兰)	7	5 045
19	南京(中国)	5	4 939
20	埃德蒙顿(加拿大)	6	4 925

资料来源:http://www.sportcal.com/。

不同年份赛事计分时会计算时间权重,当年的赛事计分时获得100%的权重,而之前或者未来的赛事随着时间距离越远获得的权重越少,以每年10%的比例递减。例如,2017年的指数报告中,2016年奥运会与2016年残奥会的全球体育影响指数评分分别由10 102分和3 538分下降为9 091分与3 184分。

$$城市体育影响总积分 = \sum 赛事积分 \times 年份权重$$

2017年(2011~2024年周期)全球体育城市指数排名中,北京以7 135分位列第9,是排名最高的中国城市。进入前20名的中国城市还有南京,因为南京获得了2018年世界羽毛球锦标赛举办权,并于2017年举办了世界轮滑锦标赛,排名上升17位至第19名。值得注意的是,在Sportcal公司2018年全球体育城市影响指数的城市榜单中,成都仅仅排在第89名。2019年,成都排名大幅度提升61位,进入前30名。成都不仅是当年入选的中国唯一的一座中西部城市,也是该榜单中排名上升最快的城市。成都排名的变化与第31届世界大学生夏季运动会(原定于2021年8月举行,后延迟至2023年7月举办)在成都举行密切相关。这个比赛是全球体育城市影响指数分析中所占权重仅次于奥运会、残奥会、橄榄球世界杯及国际足联世界杯的第五大体育赛事。国内部分城市2015~2019年排名变化具体见表2-6。

表 2-6 国内部分城市近年排名变化

城市	2015	2016	2017	2018	2019
北京	4	9	9	9	8
上海	20	25	36	33	37
广州	19	66	87	—	—
南京	28	36	19	10	11

二、世界顶级体育城市奖

世界顶级体育城市奖由 SportBusiness 公司创办，旨在评选全球范围内成功举办过大型赛事的城市以及在未来赛事举办产业中占有重要地位的城市，该奖项自 2006 年以来每 2 年评选 1 次，在国际上具有一定的知名度与认可度。SportBusiness 是一家世界知名的从事体育产业情报数据与信息咨询的专业公司，定期出版《体育商业》(*Sport Business*)，总部位于英国伦敦。

(一) 核心指标：体育赛事

与前述全球体育城市影响指数评估指标类似，世界顶级体育城市奖评选的核心指标也是围绕赛事的主办而展开的，但其赛事的范围则不仅限于需要申办的一次性赛事，而是也包括重复举办的赛事，另外，其评估指标体系还包括围绕赛事举办的体育场地、交通和基础设施、政府和公众支持等赛事举办能力与条件情况的评价内容(表 2-7)。

表 2-7 世界顶级体育城市奖的评选指标及基本内容

评选指标	基本内容
赛事举办及影响	在以前和未来的 4 年中重大体育赛事举办的数量与影响度，该城市在赛事安保能力以及其在世界范围内的地位与影响等情况
体育场地	比赛场馆的综合情况(例如，场地舒适、宽敞、有足够数量的座位以及副馆情况优良等)
交通和基础设施	综合交通(国内、国际)和城市生活设施便利情况(高效的国际化机场、车站、港口数量以及友好便捷的生活设施等)
住宿	实惠舒适的住房，并且有足够的数量等

(续表)

评选指标	基本内容
赛事策略	高水平、高影响力的品牌体育赛事,包括本土赛事、文化赛事等领域
政府和公众支持	是否建立专门的官方申办和承办赛事运营机构;当地是否有足以维持此项赛事场馆与人员支持,市民参与城市体育活动等。政府对举办重大体育赛事支持力度等
遗产规划和影响	该城市是否在赛事申办、举办,以及赛后对体育赛事遗产做了有效的规划和保护,其利用体育赛事优势影响力的做法是否能对国际产生持久的影响
生活质量	好的城市环境和适宜举办赛事的天气和气候,令人感觉舒适的生活与休闲环境
安全性	建立具体的防恐与反恐措施。该城市是否有恐怖主义袭击或其他安全危机类似事件发生
营销与品牌推广能力	有亲和力的体育赛事网站、明确的城市体育发展负责人、便捷快速通畅的城市体育信息渠道、有创意的城市体育宣传、有影响力的赛事商标注册和知识产权的保护等

(二) 评估方法与过程

为清晰分析世界顶级体育城市奖的评估方法与过程,下文将以2018年世界顶级体育城市奖评奖过程为例,梳理该排行榜产生过程与方法。

2018年世界顶级体育城市奖的评选入围过程分为3步:第一,从大约150座城市中评选出一个30座城市的入围名单,其中上一届世界顶级体育城市排名前15位的城市会自动进入这个30座城市的入围名单;剩下15个名额中,11个名额则是基于2014~2022年(评估年前后各4年)举办的体育赛事的评估结果排名前11位的城市,最后4个名额则是基于评选委员会的推荐提名的所谓"外卡城市"。第二,入围的30座城市将被邀请填写和提交一份详细的评估问卷,评选专家委员会依据入围城市评选周期内赛事举办的核心指标进行打分并排名。第三,排名前5位的城市将在2018年3月公布,并进入最后阶段世界顶级体育城市奖的最终角逐。值得一提的是,世界顶级体育城市奖的评选很大程度上是依靠一个专家委员会的评审与投票实现的,每年的专家委员会有8人左右,专家委员会主要由业界专家、大学教授等组成。

SportBusiness公司于2018年1月30日公布了2018年世界顶级体育城市

奖的入围名单(表2-8)。2018年在泰国曼谷召开的全球体育大会上由评选专家委员会通过投票产生并现场公布最终的获奖城市结果。

表2-8 2018年世界顶级体育城市入围名单(排名不分先后)

序号	城市	序号	城市
1	纽约	16	温哥华
2	伦敦	17	迪拜
3	墨尔本	18	多哈
4	奥克兰	19	吉隆坡
5	格拉斯哥	20	里约
6	卡尔加里	21	莫斯科
7	哥本哈根	22	北京
8	曼彻斯特	23	巴库
9	洛杉矶	24	索契
10	东京	25	阿布扎比
11	悉尼	26	香港
12	柏林	27	蒙特利尔
13	巴黎	28	墨西哥
14	新加坡	29	布达佩斯
15	黄金海岸	30	布拉格

在2016年世界顶级体育城市奖评选中,纽约击败包括伦敦、墨尔本在内的竞争对手获得2016年世界顶级体育城市的称号(表2-9),但墨尔本凭借其出色实力获得了2016年世界顶级体育城市奖十周年特别纪念奖,墨尔本此前也曾于2006年起连续三次蝉联世界顶级体育城市称号。

表2-9 2016年世界顶级体育城市排行榜

排名	城市	城市规模	排名	城市	城市规模
1	纽约	XL	4	奥克兰	M
2	伦敦	XL	5	格拉斯哥	S
3	墨尔本	L	6	卡尔加里	S

（续表）

排名	城市	城市规模	排名	城市	城市规模
7	哥本哈根	M	19	多哈	S
8	曼彻斯特	XS	20	卡迪夫	XS
9	洛杉矶	L	21	吉隆坡	M
10	东京	XL	22	斯德哥尔摩	S
11	悉尼	L	23	里约	L
12	柏林	L	24	莫斯科	XL
13	巴黎	M	25	北京	XL
14	新加坡	L	26	喀山	S
15	黄金海岸	XS	27	巴库	M
16	温哥华	S	28	德班	S
17	迪拜	M	29	索契	XS
18	阿姆斯特丹	S	30	平昌	XS

资料来源：SportBusiness Ultimate Sports Cities Awards 2016：New York City Triumphs at Sport Accord Convention（https://www.sportbusiness.com/sportbusiness-ultimate-sports-cities-awards-2016-new-york-city-triumphs-sportaccord-convention）。

注：城市规模以人口区分，其中 XS 表示人口处于 60 万及以下；S 表示人口处于 60 万～130 万；M 表示人口处于 130 万～300 万；L 表示人口处于 300 万～800 万；XL 表示人口处于 800 万以上。

三、BCW 体育城市排行榜

（一）BCW 体育城市排行榜的发布机构

自 2012 年开始，BCW 体育城市排行榜每年发布，对世界前 50 位的体育城市进行排名。该排行榜的发布机构最初为国际体育界较有影响力的媒体之一 ATR（Around the Rings）与 TSE 咨询公司。其中，ATR 是一家体育传媒机构，一直致力于奥林匹克运动和国际体育一系列问题的有关报道，其出版物侧重于报道奥运会的申办、筹备和执行过程以及其他多项国际体育赛事，其中包括国际足联、橄榄球世界杯、世界田联锦标赛、游泳锦标赛等。ATR 作为市场引导者，其平台包括内容营销、互联网在线、电子邮件、印刷和社交媒体。ATR 发布的内容由设在亚特兰大总部的全球团队制作，其国际记者分别驻扎在英国、捷克、德国、加拿大（温哥华）和澳大利亚。而 TSE 咨询公司则是国际知名的体育管理与咨询公司，总部位于美国印第安纳波利斯和科罗拉多斯普林斯。

博雅体育是博雅公共关系有限公司（Burson-marsteller，中文简称"博雅公关"）成立的体育分支机构。博雅公关成立于1953年，是全球领先的公关和传播咨询公司，为客户提供战略思考和计划执行，提供包括公共关系、公共事务、数字媒体、广告等诸多传播服务。博雅公关的全球网络由73家全资办事处及83家合资办事处构成，在遍布全球六大洲110个国家开展业务。博雅公关是扬·罗必凯集团（Young & Rubicam）的一部分，该公司是 WPP 集团的子公司，全球通信服务的领导者。博雅公关于2016年收购了 TSE 咨询公司，并成立了博雅体育作为博雅公关的体育分支机构，帮助客户确定和实现他们的目标，并且充分挖掘和发挥体育最大的潜力与价值，同时也成为发布体育城市排行榜的新机构。

2018年，博雅公关与凯维公关合并组成了全球最大的公关与传播公司——博雅凯维传播公司，其继续发布体育城市排行榜，即 BCW 体育城市排行榜。

（二）BCW 体育城市排行榜的指标体系与方法

BCW 体育城市排行榜产生的过程主要是基于两部分受众的民意调查投票：一部分是公众的在线投票；另一部分是100位来自国际联合会、国家奥委会、体育媒体和体育界等在行业内有影响力的顶尖体育领袖的投票。鉴于体育领袖的专业知识，他们的答案所占权重比普通公众的更大。

在每一版的民意调查中，受众将对一个列有50座城市的名单依据其认为该城市与体育的联系的紧密程度的印象进行排名，该名单包括上一年度榜单的前47座城市，以及上届民意调查选出的排名最高的3座非榜单城市。

博雅凯维传播公司成立后，BCW 体育城市排行榜的评价方法则与之前发生了一定的变化与改进：评价主要是综合专家在线投票与数字媒体的内容分析结果得出，其中在线投票的专家主要由国际单项体育联合会负责人、体育媒体代表等组成，而数字媒体则主要包括推特（Twitter）、照片墙（Instagram）、脸谱（Facebook）等，专家投票与媒体内容分析各占50%，最终产生一个排名前50的年度 BCW 体育城市排行榜。BCW 体育城市榜单的排名结果是"基于国际单项体育联合会和体育产业专家的观点，并结合对数字空间中体育与城市之间关系的分析,后者包括社交媒体平台、博客和网站上与城市名称相关的'运动'一词的总提及次数"。

2022年7月19日发布的BCW体育城市排行榜再次修正了评价方法,改为结合基于感知的分析和深入的定量分析,对全球与体育联系最密切的前50座城市进行了排名。2023年BCW体育城市排行榜又发生了一定变化,排名从50座城市增加到100座城市,新增的50座城市名单主要基于这些城市举办的赛事活动和专家小组的意见。同时BCW体育城市排行榜的评选标准还保持一定的动态机制——2023年度评选的最后5名,将被剔除出下一年度的评选,进而由未上榜城市中的前5名替补加入。

BCW体育城市排行榜关注国际联合会主席、秘书长、体育产业专家(如赛事负责人)和来自世界各地的300多名体育媒体代表的观点。与此同时,使用社交媒体分析工具Brandwatch对体育与数字空间中的城市之间的关联进行了深入分析。分析包括Twitter、Instagram、Facebook等社交媒体平台以及各博客和其他网站上与城市名称相关的"运动"一词的总提及次数。尤其值得一提的是,2022年BCW体育城市排行榜分析中使用的关键搜索词也得到了进一步扩展,除了英语外,还使用法语、西班牙语和德语拼写"sport"和城市名称。

另外一个决定调查结果的关键因素是调查项目分别占据的比例,也就是各项调查在最终排名结果中的权重。博雅凯维传播公司认为,数字表达方式具有"不可否认的力量和重要性",因此这一部分数字分析成果权重最高(0.5),国际体育联合会(0.25)和媒体代表(0.25)的意见两部分权重相同。

2021~2023年的体育城市排行榜(表2-10)不断证实了这样的趋势,即与奥运会、国际足联和主要职业联赛等知名体育品牌建立合作伙伴关系,对于那些旨在加强与体育联系的城市来说他们才是游戏规则最终的改变者。根据2023年体育城市排行榜,排名前3的城市——巴黎(排名第1)、洛杉矶(排名第2)和伦敦(排名第3),最近均举办过或即将举办奥运会。而拥有职业球队洋基棒球队的纽约(排名第4)和拥有著名足球俱乐部的曼彻斯特(排名第5)等则体现了强大的职业体育在全球体育城市建设上,尤其是城市国际形象建设中发挥的重要作用。

表 2-10　2021~2023 年体育城市排行榜部分排名

城市	2023 年排名	2022 年排名	2021 年排名
巴黎(法国)	1	2	5
洛杉矶(美国)	2	4	3
伦敦(英国)	3	3	2
纽约(美国)	4	5	1
曼彻斯特(英国)	5	8	7
马德里(西班牙)	6	6	10
巴塞罗那(西班牙)	7	7	4
东京(日本)	8	1	9
洛桑(瑞士)	9	9	6
布达佩斯(匈牙利)	10	13	18
多哈(卡塔尔)	11	19	32
米兰(意大利)	12	12	15
慕尼黑(德国)	13	11	8
芝加哥(美国)	14	21	13
布里斯班(澳大利亚)	15	—	—
迈阿密(美国)	16		
华盛顿(美国)	17		
墨西哥城(墨西哥)	18		
迪拜(阿联酋)	19	30	23
利物浦(英国)	20		
阿布扎比(阿联酋)	21	25	—
波士顿(美国)	22	20	19
墨尔本(澳大利亚)	23	10	11
北京(中国)	24	14	14
罗马(意大利)	25	15	21

资料来源:博雅凯维传播公司官网。

2022 年及 2023 年的结果还强调,全球体育城市建设的胜利之道在于抓住重大事件之前而不是事件之后的时机。布里斯班首次亮相就表现出色,排名第15位。2032年布里斯班奥运会前9年,为这座城市提供了向世界展示其体育实力的独特机会。保持领先地位需要不断努力和创新,东京一年内排名下降7位,里约热内卢跌至第74位就证明了这一点。

打造顶级体育城市的声誉是一场马拉松,而不是短跑。在排名中占据主导地位的城市是那些很久以前就踏上这一旅程、将体育融入其战略和文化建设的城市。在排名前25的城市中,只有少数相对较新的参与者已经站稳脚跟。多哈(排名11)、迪拜(排名19)和阿布扎比(排名21)在相对较短的时间内取得了成功。

第三节 全球体育城市的特征及发展路径

一、世界领先的全球体育城市的特征

根据前一节对全球体育城市排行榜的梳理可以发现3个榜单差异较大。其中,世界顶级体育城市奖评选的核心指标主要围绕赛事的举办展开,但除了赛事举办本身外,具体还包括赛事举办的体育场地、交通和基础设施、政府和公众支持等赛事举办能力与条件等评价内容,由一个专家评选委员会通过投票产生并公布最终的含30个城市的名单结果。而Sportcal公司全球体育城市影响指数评估则以各城市举办的大型赛事为指标,且仅包括需要申办才能获得举办权的一次性单项赛事的世界杯、世界锦标赛和少部分的综合性大型赛事,如奥运会、青奥会、大运会以及极少数的洲际运动会如亚运会等。博雅凯维传播公司对世界体育城市排行的评价主要是综合专家在线投票与数字媒体的内容分析结果得出。其中在线投票的专家主要由国际单项体育联合会负责人、体育媒体代表等组成,而数字媒体则主要包括Twitter、Instagram、Facebook等,专家投票与媒体内容分析各占50%,最终产生一个排名前100的年度BCW体育城市排行榜。不难看出,上述3个国际体育城市排行榜的评价指标与评价方法大相径庭。

因此,为了得出全球体育城市主要特征,首先必须确定有哪些公认的世界

领先的全球体育城市,并对这些城市的特征进行分析与归纳。

(一) 世界公认的全球著名体育城市的确定

本书综合参考了前述3个榜单的排名(SportBusiness公司发布的世界顶级体育城市奖排行榜、Sportcal公司发布的全球体育城市影响指数评选排行榜分别更新至2018年、2019年)。通过对三大榜单最新排名前10位的城市进行综合横向对比(表2-11),按以下标准确定世界领先的全球著名体育城市。

表2-11 不同排行榜榜单前10位城市对比

排名	博雅凯维传播公司发布的BCW体育城市排行榜(2023年)	SportBusiness公司发布的世界顶级体育城市奖排行榜(2018年)	Sportcal公司发布的全球体育城市影响指数评选排行榜(2019年)
1	巴黎	伦敦	东京
2	洛杉矶	墨尔本	巴黎
3	伦敦	纽约	布达佩斯
4	纽约	奥克兰	里约热内卢
5	曼彻斯特	格拉斯哥	多哈
6	马德里	哥本哈根	伦敦
7	巴塞罗那	巴黎	莫斯科
8	东京	洛杉矶	北京
9	洛桑	卡尔加里	哥本哈根
10	布达佩斯	东京	明斯克

首先按入选频率高低选出至少入选两个榜单前10位的城市,再将入选频率相同的城市的排名简单相加,数值越低,则最终排名越高。全球著名体育城市综合最新排行排名高低分别为伦敦、巴黎(并列第一)、东京、纽约、洛杉矶。表2-12用同样的方法对2017年度的三大榜单进行综合,结果显示,虽然纵向比较三大榜单的城市排名情况各自均发生了较大的变化,但是三者综合的结果却保持了比较明显的延续性与稳定性,这似乎进一步确认了通过综合三大榜单获得全球著名体育城市方法的有效性,同时也进一步显示了这5座体育城市具有较为明显的优势与全球认可度。

表 2-12　全球著名体育城市排名对比

排名	2017 年	综合最新排行
1	伦敦	伦敦、巴黎
2	东京	—
3	巴黎	东京
4	纽约	纽约
5	洛杉矶	洛杉矶

(二) 世界公认的全球著名体育城市的主要特征

通过对上述领先的 5 座全球著名体育城市的比较分析与归纳，可以发现其一些共同特点：

1. 都是世界公认的全球城市，经济社会发展水平高，综合实力强

知名管理咨询公司科尔尼(A. T. Kearney)自 2008 年以来，定期发布全球著名城市排行榜，从其最新发布的 2022 年全球著名城市排行榜(图 2-2)看 5 座全球著名体育城市与该全球著名城市排行榜高度重合，全部进入全球著名城市排行榜前 10 位。

城市	2022年排名	2021年排名	2020年排名	2019年排名	2018年排名	2017年排名	2021~2022年排名变化
纽约	1	1	1	1	1	1	0
伦敦	2	2	2	2	2	2	0
巴黎	3	3	3	3	3	3	0
东京	4	4	4	4	4	4	0
北京	5	6	5	9	9	9	+1 ↑
洛杉矶	6	5	7	7	6	8	-1 ↓
芝加哥	7	8	8	8	8	7	+1 ↑
墨尔本	8	12	18	16	17	15	+4 ↑
新加坡	9	9	9	6	7	6	0
香港	10	7	6	5	5	5	-3 ↓
布鲁塞尔	11	16	14	12	10	11	+5 ↑
华盛顿特区	12	14	10	10	11	10	+2 ↑
首尔	13	17	17	13	12	12	+4 ↑
柏林	14	13	15	14	16	14	-1 ↓
旧金山	15	11	13	22	20	23	-4 ↓
上海	16	10	12	19	19	19	-6 ↓
悉尼	17	15	11	11	15	17	-2 ↓
多伦多	18	20	19	17	18	16	+2 ↑
马德里	19	19	16	15	17	13	0
波士顿	20	21	21	21	24	21	+1 ↑

图 2-2　2022 年全球著名城市排行榜

不仅如此,全球著名体育城市排名前4位的城市也恰好全部进入全球著名城市排行榜的前4位。这表明,全球著名体育城市与全球著名城市两者高度耦合,有着很强的正相关性,而且两者可能互为因果,世界级城市为打造全球著名体育城市奠定了经济与社会基础,而发展城市体育、举办有影响力的大型赛事不仅是提升城市品牌、促进城市经济社会发展的有效途径,也是直接衡量城市综合实力与全球竞争力的重要指标。

2. 经常举办或承办具有重大国际影响力的顶级赛事

5座城市中除纽约外不仅全部举办过奥运会,而且举办过或者即将举办两届甚至三届奥运会;而伦敦、巴黎、洛杉矶、纽约都曾是足球世界杯的举办城市。

3. 体育社会化、生活化的特征非常明显

欧美发达国家作为现代体育的发源地,市民包括青少年在内的体育参与率非常高,体育运动已经成为人们的一种生活方式。这得益于西方悠久的体育文化传统、深入人心的运动健康理念、发达的体育社会组织和包括体育场馆设施在内的完善的体育公共服务体系。而数量众多的社区体育俱乐部以及便捷的体育运动设施则为人们的体育参与提供了组织基础与物质载体。厚实的群众基础又为竞技体育、职业体育的发展及大型赛事的举办和发达的体育产业提供了源源不断的动力。

4. 体育产业高度发达,体育消费旺盛

西方发达国家体育产业规模大、结构合理,往往为国民经济的支柱产业。根据毕马威会计事务所的统计,2016年英国的体育产业产值达到373亿英镑,占英国整体经济的2.1%,为英国提供了120万个就业岗位。英国民众大量的体育相关消费,是英国体育产业发达的最直观体现。2016年,英国邮局(Post Office)的信用卡数据报告中显示,英国体育迷每年的体育消费总额超过了200亿英镑。而根据市场调研机构TWO CIRCLES在2019年12月的报告,英国现场体育观赛产业的产值为118亿英镑(涵盖球票、交通、住宿、餐饮和零售等消费)。

5. 职业体育高度发达,往往都拥有一流的职业体育俱乐部

例如,纽约市是美国职业四大球(棒球、美式橄榄球、篮球、冰球)运动中拥有球队最多的城市之一,其中纽约洋基(Yankee)棒球队为世界知名球队,而主场在伦敦的球队接近整个英格兰足球超级联赛总数的1/3,其中还包括切尔西、

阿森纳等这样的世界知名的俱乐部(表 2-12)。

6. 拥有世界一流的体育设施和国际知名的体育场馆

例如,伦敦拥有温布利球场、伦敦奥林匹克体育场等著名体育场馆,而纽约拥有洋基体育场、大都会球场、麦迪逊广场花园球馆,洛杉矶有洛杉矶纪念体育场、玫瑰碗球场等(表 2-12)。

表 2-12 世界公认的全球著名体育城市及部分标志性特征

城市	国家	举办的部分全球顶级赛事	部分品牌职业俱乐部	部分标志性体育设施
伦敦	英国	1948 年奥运会、2012 年奥运会;1966 年足球世界杯(包括决赛举办地);温布尔登网球锦标赛(网球大满贯,始于 1877 年);伦敦马拉松赛(大满贯赛事,始于 1981 年)	切尔西足球俱乐部、阿森纳足球俱乐部、托特纳姆热刺足球俱乐部、西汉姆联足球俱乐部、水晶宫足球俱乐部	温布利球场(9 万座席)、伦敦奥林匹克体育场、酋长球场(6 万座席)、斯坦福桥球场(4.1 万余座席)
东京	日本	1964 年奥运会;2020 年奥运会;1958 年亚运会;东京马拉松赛(大满贯赛事,始于 2007 年);2019 年橄榄球世界杯	东京足球俱乐部、东京读卖巨人棒球队、东京养乐多燕子棒球队	新国立竞技体育场、东京巨蛋体育场(5.5 万座席)、代代木国立综合体育馆
巴黎	法国	1900 年奥运会;1924 年奥运会;2024 年奥运会;1938 年足球世界杯;1998 年足球世界杯(包括开幕与决赛);2007 年橄榄球世界杯;环法自行车赛终点站(始于 1903 年);法国网球公开赛(网球大满贯,始于 1891 年)	巴黎圣日耳曼足球俱乐部、法兰西斯橄榄球队、Racing Metro 92 橄榄球队	王子公园球场、法兰西体育场(8 万余座席)
纽约	美国	美国网球公开赛(网球大满贯,始于 1881 年);纽约国际马拉松赛(大满贯赛事,始于 1970 年);1994 年足球世界杯(半决赛举办城市);2016 年百年美洲杯决赛	在北美四大职业联赛全部拥有俱乐部且总数最多。其中包括洋基棒球队、尼克斯篮球队、喷气机橄榄球队、巨人橄榄球队及游骑兵冰球队	大都会球场(8.25 万座席)、洋基体育场、麦迪逊广场花园球馆(NBA、NHL 主场馆)

(续表)

城市	国家	举办的部分全球顶级赛事	部分品牌职业俱乐部	部分标志性体育设施
洛杉矶	美国	1932年奥运会、1984年奥运会（并且将于2028年奥运会）；美国年度性全国大学生体育协会橄榄球玫瑰碗（Rose Bowl Game）赛（始于1902年）；1994年足球世界杯（决赛举办城市）	洛杉矶道奇棒球队、洛杉矶天使棒球队、湖人篮球队、快船篮球队、公羊橄榄球队、银河联盟足球队、国王冰球队	洛杉矶纪念体育场（9万余座席）、玫瑰碗球场、道奇体育场、加密网竞技场（NBA、NHL主场馆）

注：NBA，美国职业篮球联赛；NHL，美国国家冰球联盟（由北美冰球队伍组成）。

7. 众多国际或区域体育组织、知名体育跨国公司的全球或地区总部所在地

例如，纽约是著名的北美四大职业联赛组织总部所在地，同时也是著名体育企业八方环球的总部所在地。伦敦是国际网联、田联等国际单项体育协会组织的总部所在地，同时也是英国广播公司（British Broadcasting Corporation，BBC）、天空体育（Sky Sports）这样的世界著名体育媒体机构的总部所在地。巴黎和东京同样拥有众多的国际体育组织与体育企业与传播机构。而洛杉矶是著名的国际体育娱乐与场馆管理集团安舒茨电影集团（AEG）的总部所在地（表2-13）。

表2-13　世界公认全球著名体育城市拥有体育组织与跨国公司情况

城市	国际体育组织总部	国家体育协会组织	知名体育品牌跨国公司
纽约	联合国体育文化基金会 世界职业拳击联合会	纽约州体育委员会 美国曲棍球联合会 国家橄榄球职业联盟（NFL） 美国职业棒球大联盟（MLB） 美国国家篮球协会 美国国家冰球联盟（NHL）	卓越体育管理公司（Excel Sports Management） 独立体育娱乐经纪机构（Independent Sports & Entertainment，ISE） 八方环球（Octagon）
伦敦	国际体育运动理事会 国际橄榄球理事会 国际业余田径联合会 国际网球联合会	英国奥委会 伦敦奥林匹克运动组织委员会（伦敦奥组委） 英格兰足球总会	CSM体育和娱乐 JD Sports Fashion BBC体育（BBC Sport） Sky Sports

(续表)

城市	国际体育组织总部	国家体育协会组织	知名体育品牌跨国公司
巴黎	联合国教科文组织政府间体育运动委员会 国际航空运动联合会 国际橄榄球协会 国际击剑联合会 国际体育科学与体育教育理事会国际自行车联合会	法国体育运动联合会 法国网球协会 法国足球协会	艾高（AIGLE）户外体育用品公司
东京	国际相扑联合会 国际柔道联合会 国际合气道联合会	日本足球协会 日本奥委会	日本电通体育公司（DENTSU Sports）
洛杉矶	—	洛杉矶奥林匹克运动组织委员会（洛杉矶奥组委） 洛杉矶华人体育家协会 业余体育基金会	美国沃瑟曼体育公司（Wassemman） 美国安舒茨电影集团（AEG）创新艺人经纪公司（CAA） 相对论体育（Relativity Sports）

8. 具有世界性的体育文化影响力

其往往拥有享誉世界的体育传媒机构、知名体育文化景观以及著名的体育相关高等教育与科研机构。例如，伦敦拥有 Sky Sports、BBC 体育这样的世界著名体育媒体机构。巴黎则是国际体育传媒巨头拉加代尔集团的总部，同时众多的商学院和南巴黎大学等均设置了体育类相关专业。纽约则是号称全球发行量最大的体育类杂志《体育画报》的总部，更是美国三大电视台的总部所在地，并拥有众多体育名人堂、博物馆。洛杉矶是福克斯体育网的总部所在地；同样，洛杉矶的众多大学均设立了体育系院与相关专业，其中加利福尼亚大学洛杉矶分校是一所富有传奇色彩的篮球名校，历史上十多次获得全国大学生体育协会（National Collegiate Athletic Association，NCAA）冠军的荣誉，并为美国职业篮球联赛（National Basketball Association，NBA）输送了大量的著名运动员；除此之外，洛杉矶纪念体育场作为世界上唯一的两届奥运会主场馆的体育场，被定为美国国家历史地标。东京则有包括日本广播协会（Japan Broadcasting Corporation）在内的众多传媒机构，同时也有日本体育大学、早稻田大学体育学院、日本体育科学研究所等知名体育类高等教育或科研机构。

值得注意的是，上述共同特征中，有些方面是发达国家大城市甚至中小城市也普遍具备的，如所谓体育社会化与生活化的特征、旺盛的体育消费等。因此，只有将这些特征排除，尤其是将全球著名体育城市与它们在全球性城市排行榜中的潜在竞争对手相比较，即在高原上看高峰，才能更好地识别全球著名体育城市的核心特质。通过对上述世界公认的全球著名体育城市的比较归纳与综合分析，不难看出体现体育全球影响力最为关键的核心特质在于它们都拥有具备国际影响力的重大体育赛事的组合体系，在举办国际顶级的重大赛事、职业联赛方面全球领先，是世界著名的"体育赛事之都"。

第一，它们举办的具有全球影响力的一次性国际重大赛事的数量与频次居于世界前列。在国际综合性大型体育赛事中，影响力最大的当属夏季奥运会，而在5座城市中纽约是唯一没有举办过奥运会的城市，另外4座城市则不仅举办过奥运会，而且举办过或者即将举办两届甚至三届奥运会，显示出奥运会与全球著名体育城市之间有非常高的关联度。

第二，在一次性的国际顶级单项赛事方面，这5座城市同样处于世界领先水平，它们积极主办包括足球、田径、高尔夫、橄榄球等在内的一些受众广泛、商业价值大、媒体关注度高的运动项目的国际最高级别赛事。其中，伦敦、巴黎、洛杉矶、纽约都举办过男子足球世界杯半决赛或决赛，而在以一次性赛事为核心评价指标的Sportcal公司的全球体育城市影响指数排行榜中，伦敦、东京、巴黎近年来也一直居于前列。

第三，这些城市往往还拥有具备全球影响力的、固定举办的国际顶级品牌体育赛事的举办权。这类赛事往往历史悠久，媒体受众数量众多，在国际上享有较高的品牌知名度与美誉度，赛事往往还与举办城市相得益彰，赛事品牌也成为举办城市品牌形象的自然延伸。例如，伦敦、巴黎、纽约每年举办的网球公开赛都属于具有百年历史的、体现职业网球最高水平的四大满贯赛事，而伦敦马拉松、纽约马拉松、东京马拉松则是代表世界顶级马拉松巡回赛的世界马拉松大满贯赛事，而巴黎环法自行车赛、洛杉矶橄榄球玫瑰碗赛等同样都是享誉世界的体育盛事。

第四，职业体育高度发达，大多是国际顶级职业联赛的主办城市，且往往拥有国际知名的职业体育俱乐部。其中，伦敦、巴黎是分属代表足球最高水平的欧洲五大联赛英格兰足球超级联赛(简称"英超")与法国足球甲级联赛(简称"法甲")的主办城市,巴黎拥有国际知名的巴黎圣日耳曼足球俱乐部,而伦敦拥有的英超球队占整个英超球队总数的近1/3,其中不乏切尔西、阿森纳这样的世界著名足球俱乐部。北美四大职业联赛也被公认为是代表相应的4个运动项目(棒球、美式橄榄球、篮球、冰球)职业发展水平与竞技水平最高的职业联赛,无独有偶,纽约与洛杉矶不仅是为数不多拥有全部四大联盟球队的城市,而且也是拥有四大联盟球队总数最多的两座城市,其中纽约以8支球队高居榜首,洛杉矶则以7支队伍紧随其后。其中纽约洋基棒球队、洛杉矶湖人篮球队等都是在世界范围拥有大量拥趸的国际著名球队。而日本职业体育也较为发达,其棒球联赛与足球J联赛都是亚洲职业体育发展水平较高的联赛,尤其是棒球联赛,堪称美国职业棒球之外水平最高的世界第二大联赛,而东京则拥有读卖巨人与养乐多燕子两支参加日本顶级棒球联赛的球队,特别是东京读卖巨人棒球队,更是以20余次日本总冠军的成绩在日本职业棒球中笑傲群雄。

(三) 全球体育城市的内涵

从以上讨论我们不难发现,全球城市与全球体育城市排行榜高度耦合,全球体育城市首先也是全球城市,这一点对于我们更好地理解全球体育城市的内涵有很重要的启示。回顾现代体育演进的历史,不难发现,现代体育的诞生与全球传播本身就与工业革命以来,世界范围内的不断深入的工业化与城市化进程紧密相关。

以上对世界公认的全球著名体育城市的比较与归纳有助于我们更好地认识全球体育城市的内涵。基于本课题前述对于全球体育城市内涵的讨论与特征的归纳,将全球体育城市定义为那些位于世界城市网络等级体系的顶端、体育发展水平全球领先、并对全球体育文化与生态产生重要影响与辐射作用的节点城市。其核心特征表现为全球优质体育资源的集聚与扩散中心,高端体育产品与服务的生产与消费基地,也是全球体育文化传播与交流的枢纽。

二、全球体育城市的发展路径

从上述分析可以看出,世界公认的全球体育城市最鲜明的特质在于它们在大型赛事的举办方面遥遥领先,这也为更好理解全球体育城市的形成路径提供了思路。

　　首先，持续举办国际顶级的大型体育赛事是一座城市展现其体育发展水平乃至综合实力的重要手段，更是建设全球体育城市的必由之路与关键所在。国际顶级的大型体育赛事是展现体育魅力的最高舞台，同时也是吸引全球关注的最佳平台。借助全球卫星电视、互联网等媒体传播平台，大型体育赛事已经成为跨越地域与时空的媒体狂欢与全球盛事。在为数不多的国际大型综合性运动会中，夏季奥运会无疑是最受瞩目的，这个四年一度堪称参与人数最多、媒体收视最高的最大规模的人类聚会，为举办城市带来无与伦比的全球媒体的曝光机会。同时，也由于奥运会的超大规模、超高的举办成本以及高难度的组织筹备，其举办本身成为少数经济社会高度发达、综合实力强的城市才能享有的"特权"，从而也成为这些城市展示身份与实力的象征。这也很好解释了为什么在上述五大全球著名体育城市中，除了纽约外其他城市不但举办过奥运会，而且举办过或即将举办两届奥运会。当然，尽管奥运会往往能够给举办城市带来较为长久的影响与烙印，但奥运会毕竟四年只有一次，要想持续不断地向全球展现与辐射体育文化的实力与影响力，还需要依靠其他国际顶级体育赛事，包括世界杯、世界锦标赛以及国际知名的固定举办的品牌体育赛事与职业联赛。而且运动项目的受众越广泛、赛事级别与商业化程度越高、品牌影响力越大、数量越多，其为举办城市带来的声誉与传播价值也就越明显，从而也越有可能使举办城市在全球著名体育城市的竞争中胜出。从前述分析也可以看出，本书所确定的五大全球著名体育城市，无论是在顶级赛事的举办上，还是在具有全球影响力的自有品牌顶级赛事与职业联赛（职业俱乐部）上，均处于世界领先水平，正是这些国际顶级的体育赛事，为它们赢得了全球体育城市的声誉。

　　其次，尽管持续举办国际顶级赛事、拥有全球影响力的品牌体育赛事与职业联赛（俱乐部）是建设全球著名体育城市的必经之路与关键战略，要成功运用这一战略，成为领先的全球著名体育城市，还需要有相应的支撑条件。第一，必须拥有世界一流的体育场馆设施。不管是一次性的国际顶级体育赛事，还是固定举办的品牌体育赛事与职业联赛，都离不开世界一流的体育场馆作为支撑。不难发现，前述世界领先的全球著名体育城市，无不拥有丰富的世界一流的体育场馆设施资源。例如，伦敦拥有温布利球场、伦敦奥林匹克体育场等世界著名体育设施，巴黎王子公园球场、法兰西体育场同样世界闻名，而纽约拥有洋基体育场、大都会球场、麦迪逊广场花园球馆,洛杉矶有洛杉矶纪念体育场、玫瑰碗球场等,东京则有新国立竞技体育场、东京巨蛋体育场等著名大型体育场馆设施。第二,这些城市还必须拥有浓厚的体育氛围、发达的体育社会组织和众多的体育人口,以及由此产生的旺盛的体育消费需求。虽然全球著名体育城市的形成主要是通过举办国际顶级体育赛事产生的对外的全球体育文化影响力与辐射力,这些赛事的举办必须同时甚至主要是适应本市居民内生的体育文化需求,否则,国际顶级体育赛事的举办也就成为无源之水、无本之木,难以实现可持续发展。从前述全球著名体育城市的实际看,体育运动也确实已经成为人们的一种生活方式。这得益于西方悠久的体育文化传统、深入人心的运动健康理念、发达的体育社会组织和完善的体育公共服务体系。而体育的社会化与生活化为体育的发展奠定了坚实的大众基础,进而又为竞技体育、职业体育的发展以及大型赛事的举办提供了源源不竭的消费动力。第三,体育产业高度发达,体育赛事运作市场化、专业化程度高。从世界各国的实践看,尽管各国政府在大型赛事的举办方面都扮演着不可或缺的重要角色,但总体上看,赛事的组织运作,尤其是顶级品牌体育赛事与职业联赛的运营,主要还是通过市场机制来实现的,这就需要有发达的体育产业,特别是活跃的市场运营主体,包括运营发达赛事的专业组织与营销企业以及发达的体育传媒机构等。在前述全球著名体育城市中,纽约是著名的北美四大职业联赛组织总部所在地,同时也是著名体育企业八方环球的总部所在地。伦敦是国际网联、田联等国际单项体育联合会的总部所在地,同时也是BBC、Sky Sports这样的世界著名体育媒体机构的总部所在地;巴黎则是国际体育传媒巨头拉加代尔集团的总部所在地;东京同样拥有众多的国际体育组织、体育企业与传播机构;而洛杉矶是著名的国际体育娱乐与场馆管理集团AEG的总部所在地。除此之外,这些城市往往还是大学林立的地方,这些大学为体育产业的发展与高端赛事运作源源不断地输送着所需的人才。

综合上述分析,全球著名体育城市的形成路径可以归纳为,城市本身是否具备全球著名城市的实力是能否建成全球著名体育城市的基础条件,体育的社会化、生活化与产业化是建设全球著名体育城市的根本支撑,而持续举办国际顶级体育赛事、拥有全球影响力的品牌体育赛事与职业联赛(俱乐部)则是建设全球著名体育城市的必由之路与关键所在。

第三章

全球及中国体育城市评价指数研发

全球体育城市是城市化阶段的高级产物,在体育全球化与城市国际化的背景下,体育城市评价与排名体现了全球对城市体育建设绩效衡量和国际比较的日益增长需求,它为城市体育治理实践提供信息,并推动其走向国际思维,在很大程度上能够指导人们将抽象的体育城市概念上升为理性全面具体的评估实践活动。对全球体育城市的准确评价能够切实有效地反映建设过程中的实际效果,为地方政府机关和相关体育部门制定体育发展规划提供依据和参考。体育城市间的排名比较能解决难以从全球层面统一衡量体育城市变化的问题,并用实证量化的方法评估当前世界体育城市的表现和未来体育城市的发展潜力,有利于各城市以全球视野找出体育建设方面的差距,并在比较中促进各城市体育发展水平的提升。

然而,国内外对全球体育城市评价排名的相关研究较为有限,目前进行全球体育城市竞争力评估并定期发表排行榜的机构仅找到了前文所呈现的三家。从目前的三家机构的评估与排行榜发布历史看,因为创立的时间相对较短,三家机构发布的排行榜的国际知名度与认可度仍旧有待进一步提高,同时其基于的理论基础也有待进一步完善。从对体育城市评估体系的内容与标准及评估方法看,三家机构之间差别较大,甚至大相径庭,远未形成比较一致的体系与方法。同时,三个不同的指标体系要么都侧重某一方面的指标(如仅围绕大型赛事相关数据开展),要么较为片面主观(如仅依赖于专家/大众评分或者媒体曝光),均存在明显的不足之处。不仅如此,SportBusiness 公司世界顶级体育城市奖和 Sportcal 公司全球体育城市影响指数两个排行榜已分别于 2018 年和 2019

年停止更新。全球范围体育城市建设的实践亟待基于科学合理的全球体育城市评价指标形成的排行榜作为参照与借鉴,这也构成了我们组建专业团队开展全球体育城市指数研发工作的背景。

上海体育大学作为仅有的两所进入国家双一流建设的体育类高等院校之一,科研力量雄厚,拥有国内唯一的独立设置的体育管理学博士学位点,近年来积极对接国家与地方发展战略,在体育产业、体育赛事等领域的学术研究取得了较为显著的成绩。全球体育城市指数研发团队正式组建于2020年,由上海体育大学经济管理学院刘东锋教授主持,旨在构建一套科学合理的体育城市评价指标体系,并在此基础上开展全球体育城市评价工作并发布年度排行榜。考虑到我国经济社会发展阶段特征和体育城市建设总体起步较晚的客观实际,除了全球体育城市评价,团队还开展了针对中国地区的体育城市评价研究工作。研发团队与国际体育经济学会、德国科隆体育大学等国外著名大学与学术机构开展了紧密的国际合作,成立了由来自美国、英国、法国、德国等多国知名的专家与学者组成的专家委员会为研发提供智力支持。

第一节　全球体育城市评估体系的构建原则和构建方法

一、构建原则

(一) 科学性原则

全球体育城市评估体系应遵循科学性原则,即该套评估模型要能较准确地反映城市实际情况,反映建设过程中的优势、机遇、挑战与风险,必须科学地选取每一个指标并进行科学合理的计算评估。一方面要充分合理地选取每一个指标,另一方面要明确并科学地使用计算方法对每个指标进行评估,这样才能保证全球体育城市评价结果具有真实性和客观性。

(二) 整体性原则

全球体育城市评估体系应遵循整体性原则,本书所探讨的评估体系是一个整体性的综合评价,其中的各个指标虽然单独存在但是却不能将其割裂来看,由这些指标共同组合而成的评估体系才具有评价意义,才能发挥整体评估作用。

(三)动态性原则

全球体育城市评估体系应遵循动态性原则,体育城市的建设和发展是一个动态过程,这决定了对其评估指标也是一个相对的、动态的概念,这要求体育城市评估体系不仅能够对当前现状进行评估,还能够对未来体育城市的发展趋势具有一定的预测性。此外,在一定时间周期内的评估结果以及在建设体育城市过程中出现的实际问题也对评估体系的修改、补充和更新完善起到了一定的作用。

(四)以人为本原则

全球体育城市评估体系应遵循以人为本原则,城市体育的发展与当地居民密不可分,体育活动的主体是人,体育城市发展也依靠人来维持和继续,最终以满足居民健康生活和体育运动等诸多方面需求为目标,因此该指标的构建应该充分地考虑以人为本原则。

(五)可操作性原则

全球体育城市评估体系应遵循可操作性原则,其构建的目的是能够反映城市在体育建设过程中的现状与发展程度,因此要考虑数据的可取得性,保证评估体系在运用方面尽量简洁方便以及尽可能利用现有的统计资料,易于量化。指标数据通过统计资料整理、相关权威机构数据的发布等方式获得。同时,评估体系的构建也是为了能进行一定的比较和评估,从而得出客观的结论,因此评估过程需要保证每一个指标的可操作性与操作上的简易性。

二、构建方法

本章以全球体育城市评估为研究对象,构建评估体系及评分模型。并将其作为评价工具运用到全球及中国近百个城市的体育建设发展现状的实证评估中去,使得评估对象城市以相同的计量范围、口径、方法得出可横纵向对比的数据,从而反映城市体育建设的实际情况。

(一)文献综述法

本研究的文献收集主要通过以下几个途径进行。通过图书馆资源查阅世界城市理论[1]、相关理论著作及国际体育城市[2]有关概念；通过互联网查看诸如Sportcal、BCW等国外体育机构所发布的世界体育城市评估标准；同时，通过中国知网、万方数据、百链、EBSCO、Emerald、Web of Science上收集和整理的大量国内外与世界/全球城市、体育城市、评估指标等与本研究有关的文献与研究；此外，查阅并运用社会研究方法、统计学等相关知识，为本研究奠定一个坚实的理论基础，为后续指标体系的构建、数据的整理与分析、问卷设计等工作做好充足的前期准备。

（二）德尔菲法

德尔菲法（Delphi method）也称专家预测法，它是以一种不记名的方式，对相关领域专家分别发放多轮调查问卷征询意见，这些专家不见面或者不进行集中讨论，每一轮调查问卷发放时都会将前一轮专家意见进行汇总、修订，然后给予反馈，最后使得各个专家结果趋于一致，以达到最终研究或者预测效果[3]。本文研究的是体育城市评价指标，需要通过对城市评价、体育产业、体育管理等方面有一定了解和一定资历的全球专家意见调查汇总分析，以获得大部分专家的认同，从而构建全球及中国体育城市评价指标，最终运用加权平均法获得指标权重。

本研究于2020~2021年通过邮箱、问卷星等方式发放两轮问卷，一共邀请了25位专家进行问卷调查，其中剔除2位表示对该领域不熟悉的专家后，实际选取23位专家填写了问卷，在实际调查前对专家组成员进行了积极系数、权威系数及协调系数检验，结果显示专家组成员具备高度的积极性、权威程度较高、具有显著一致性，表明数据结果准确，可信度较高。

第一轮问卷中23位专家分别从重要性和可操作性两个维度对每个指标进行1~5级打分（5分为极其重要和可操作性非常强），完成指标筛选和修正后，把第一轮数据统计结果在第二轮调查时反馈给专家（均值、标准差），供专家参考。

在第二轮问卷发放中，专家先对重要性和可操作性两个维度进行总分100

---

[1] PETER HALL. The world cities. London: Weidenfeld and Nicolson, 1966.
[2] 鲍明晓. 北京建设国际体育中心城市的相关理论问题研究. 上海体育学院学报, 2010, 34(2): 4-10.
[3] 郭戈, 杨飞. 应用德尔菲法构建城市体育产业竞争力指标体系. 体育科技文献通报, 2011, 19(12): 113-115.

分的打分以确定重要性和可操作性两个维度的隶属度,即其在每个指标中的占比权重。然后分别从重要性和可操作性两个维度对每个指标进行1～5分(5分表示极其重要和可操作性非常强)的打分判断,最终将结果统计处理,得到权重系数。

(三) 数理统计法

本研究采用了 SPSS 和 Excel 两款数量统计软件。首先,我们将收集到的原始数据录入这两款数据处理系统中。其次,根据研究目的对数据进行整理和分析,利用问卷的效度校验得出频率和百分比。在确定了专家团队后,我们对选定的专家进行了积极系数、权威系数、协调系数及一致性检验。最后,在数据分析环节,我们运用了均值、标准差、变异指数及赋值运算等方法。

第二节 全球体育城市评估体系的构建流程

本文对于体育城市评估指标体系的构建流程如图 3-1 所示,主要分以下几个步骤:一是根据体育城市的概念、内涵,梳理相关的理论与目前已有的评估体系,遵循评估体系构建原则,运用文献综述法初步确定评估指标,完成对评估体系的初步构建;二是通过两轮的专家调查问卷,对初步构建的评估体系进行修订、增加、删除,最终构建出体育城市评估体系;三是在确定评估体系之后运用加权平均分析法以确定各指标权重。最后将其作为评估工具对全球及中国近百个城市的体育建设发展现状进行实证评估。

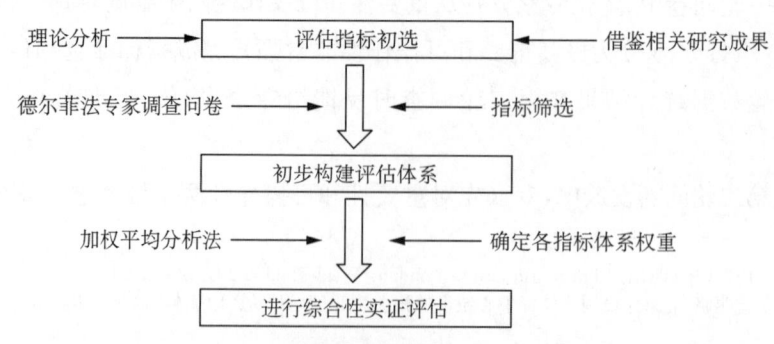

图 3-1 体育城市评估体系构建流程图

一、初步构建评估体系

根据本文对全球体育城市的定义,按照体系构建原则,初步形成全球体育城市评估指标。在此基础上,笔者还就形成的初步方案与体育领域专家学者以会议类型方式进行了 3 次头脑风暴,根据专家提出的合理意见进行了适当修改,最终形成全球及中国体育城市评估体系(表 3-1)。其中全球体育城市评估体系包含 4 个一级指标,分别是体育历史与传统、体育赛事影响力、体育媒体传播力和职业体育影响力;中国体育城市评估体系包含 5 个一级指标,分别是体育历史与传统、体育赛事影响力、体育媒体传播力、职业体育影响力和群众体育基础。

表 3-1 中国体育城市评估体系

一级指标	一级指标来源	二级指标	二级指标文献来源
体育历史与传统	—	重大体育赛事历史举办	全球体育城市指标[1]、陆乐等(2019)[2]
		职业体育发展的历史成就	—
		体育产业产值占城市 GDP 的比重	张传宝等(2017)[3]、宋忠良(2012)[4]、陈林华等(2014)[5]、李先雄等(2017)[6]
体育赛事影响力	鲍明晓(2010)[7]、宋忠良(2012)	当年举办的国际顶级赛事的数量	鲍明晓(2010)、全球体育城市指标[1]
		当年举办的品牌体育赛事的影响力	张传宝等(2017)、鲍明晓(2010)

---

[1] SPORTCAL. Sportcal is delighted to launch the Global Sports Impact (GSI) Report 2017. (2017-5-31)[2020-1-4]. https://www.sportcal.com/features/sportcal-is-delighted-to-launch-the-global-sports-impact-gsi-report-2017/.

[2] 陆乐,李刚,黄海燕. 全球城市体育产业发展评价指标体系的构建与实证. 上海体育学院学报,2019,43(3):39-45.

[3] 张传宝,牛森,高奎亭,等. 国际体育中心城市建设评价指标体系构建研究:以北京市为例. 商丘师范学院学报,2017,33(9):78-83.

[4] 宋忠良. 国际体育中心城市评价指标体系理论与实证研究. 福州:福建师范大学,2012.

[5] 陈林华,王跃,李荣日,等. 国际体育城市评价指标体系的构建研究. 体育科学,2014,34(6):34-41.

[6] 李先雄,李艳翎. 国际化体育城市评价指标体系研究. 武汉体育学院学报,2017,51(7):38-43.

[7] 鲍明晓. 北京建设国际体育中心城市的相关理论问题研究. 上海体育学院学报,2010,34(2):4-10.

(续表)

一级指标	一级指标来源	二级指标	二级指标文献来源
体育媒体传播力	BCW	当年体育赛事举办与城市关联媒体报道量	BCW
		当年地标性体育场馆与城市关联媒体报道量	BCW
		拥有国际体育组织与城市关联媒体报道量	BCW
		当年职业体育俱乐部成绩与城市关联媒体报道量	BCW
职业体育影响力	宋忠良(2012)	高水平职业体育俱乐部数量	宋忠良(2012)
		职业体育俱乐部当年联赛赛季成绩	美国体育城市评选[1]
群众体育基础	鲍明晓(2010)、宋忠良(2012)	人均体育场地面积	张传宝等(2017)、宋忠良(2012)、陈林华等(2014)、李先雄等(2017)、尹永佩等(2018)[2]
		经常参加体育锻炼的人口比例	张传宝等(2017)、宋忠良(2012)、李先雄等(2017)、尹永佩等(2018)

注：GDP，国内生产总值。

二、评估体系信度、效度检验

(一) 信度检验

信度检验即通过克龙巴赫 α 系数 (Cronbach's alpha coefficient) 对指标内部的一致性进行检验，该信度系数值评价就是评估体系量表中各项得分之间的一致性，属于内在一致性，本研究第一轮专家咨询总体克龙巴赫 α 系数为 0.924，大于 0.9，问卷内部一致性很好 (表3-2)。

---

[1] SHERMAN J. Sporting news：milwaukee is 26th best sports city. (2009-10-12)[2020-1-10]. https://onmilwaukee.com/articles/sportingnewsbest#?.

[2] 尹永佩,唐文兵,姜传银.创建国际体育城市的评价指标研究：以上海为例.武汉体育学院学报,2018,52(4)：24-31.

表3-2　可靠性统计量

克龙巴赫α系数	项数
0.924	13

(二) 效度检验

在第一轮专家问卷发放之前,共邀请了10位专家对问卷进行结构设计、内容设计及整体设计的效度检验,10位专家对问卷设计的各个方面给予了肯定,认为问卷效度较高(表3-3～表3-5)。

表3-3　专家对问卷结构效度检验情况($N=10$)

选项	合理	基本合理	一般	不太合理	不合理
选择人数	4	6	0	0	0
比例	40.00%	60.00%	0	0	0

表3-4　专家对问卷内容效度检验情况($N=10$)

选项	合理	基本合理	一般	不太合理	不合理
选择人数	3	7	0	0	0
比例	30.00%	70.00%	0	0	0

表3-5　专家对问卷总体效度检验情况($N=10$)

选项	合理	基本合理	一般	不太合理	不合理
选择人数	3	7	0	0	0
比例	30.00%	70.00%	0	0	0

(三) 指标筛选

1. 专家团队的确立

本研究根据需要,所选取的专家主要考虑以下几个方面:①国内外从事体育产业、体育管理、体育赛事以及全球城市领域的专家和学者;②体育行业实践中跨国公司和国际知名职业体育俱乐部、国际体育组织等的主要负责人;③多年担任体育管理的行政部门领导。根据以上3个方面,同时为了避免种种原因导致专家中途退出等对本研究的影响,本研究一共邀请了25位专家进行调查。在这25位专家中,调查结果显示:表示非常熟悉全球体育城市指标的专家有9

位(36%)、表示较为熟悉的有8位(32%)、表示一般的有6位(24%)、表示较不熟悉的有1位(4%)、表示很不熟悉的有1位(4%),因此剔除表示较不熟悉和很不熟悉的专家后,实际选取23位专家,分别来自美国、英国、德国、法国、中国等地区,其建议和意见具有较好的代表性。

2. 专家积极指数、专家权威指数和专家意见协调指数

(1)专家积极指数:参与的专家只有对该项研究高度重视和有浓厚兴趣才会以认真严谨的态度配合整个调研的进行,专家积极指数这一个指标能够很好地反映参与对象对于项目的关心程度以确保结果的准确性,本研究引起了全球各地以及与体育、城市发展等相关领域不同职业不同行业的专家学者的广泛兴趣,同时在专家选择参与该项目之前就已经知晓问卷的发放计划,考虑了两轮问卷填写的问题,因此,结果显示本研究的专家积极指数比较好(表3-6)。

表3-6 咨询对象专家积极指数统计表

	发出专家问卷数(份)	回收专家问卷数(份)	回收率
第一轮	23	23	100%
第二轮	23	20	86.96%

(2)专家权威指数:参与本研究的专家不仅需要展现出高度的积极性,还必须对研究领域有深入了解,或是在相关行业有长期的工作经验,为行业代表或担任领袖角色。我们通过应用数理统计方法中的专家权威指数来确保研究结果的可信度。该指数既能评估专家对不同指标的判断依据,也能反映他们对各个指标的熟悉程度。判断依据主要分为4个方面:理论分析、实践经验、对国内外同行的了解及直觉。每个方面根据影响程度又被细分为3个等级:大、中和小,以表示专家在某一指标上的判断受到的影响程度。每个影响程度都有相应的数值赋值,以便于量化分析。例如,如表3-7所示,一个判断因素的总和为1表示影响程度大,0.8表示中等,0.6则表示影响较小。专家的熟悉程度分为6个等级,每个等级都有对应的分值,如表3-8所示,从"很熟悉"(0.9分)到"很不熟悉"(0分)不等。计算专家权威指数的公式为 $Cr = (Ca + Cs)/2$,其中Cr代表专家的权威程度,Ca是判断系数,而Cs代表熟悉程度。

表 3-7　判断依据及其影响程度量化表

判断依据	对专家判断的影响程度		
	大	中	小
理论分析	0.3	0.2	0.1
实践经验	0.5	0.4	0.3
对国内外同行的了解	0.1	0.1	0.1
直觉	0.1	0.1	0.1

表 3-8　专家对问题的熟悉程度指数表

熟悉程度	熟悉程度(分)	熟悉程度	熟悉程度(分)
很熟悉	0.9	一般	0.3
熟悉	0.7	较不熟悉	0.1
较熟悉	0.5	很不熟悉	0

本研究的专家权威指数是基于专家对各个一级指标的个人判断得出的。专家需要填写判断依据及影响程度量化表(表 3-9)和专家对问题熟悉程度指数表(表 3-8)。通过对专家所填写的原始数据进行统计分析和计算,得出了本研究的结果,专家权威指数结果见表 3-10。

表 3-9　专家的判断依据及影响程度量化表

	体育历史与传统	体育赛事影响力	体育媒体传播力	职业体育影响力	群众体育基础
理论分析	0.23	0.29	0.27	0.25	0.24
实践经验	0.45	0.48	0.46	0.45	0.47
对国内外同行了解	0.1	0.1	0.1	0.1	0.1
直觉	0.1	0.1	0.1	0.1	0.1

表 3-10　专家权威指数结果一览表

	判断指数	熟悉指数	权威指数
体育历史与传统	0.89	0.78	0.83
体育赛事影响力	0.95	0.77	0.86

(续表)

	判断指数	熟悉指数	权威指数
体育媒体传播力	0.92	0.79	0.86
职业体育影响力	0.91	0.75	0.82
群众体育基础	0.9	0.7	0.81

从表3-10可以看出，专家对一级指标的判断依据所受影响程度介于中等与大之间，而专家对于本论文所研究问题的熟悉程度均在熟悉与很熟悉之间，计算得出专家权威指数均在0.8以上，说明此次研究专家的权威程度较高，因此本次研究结果的精准度也比较高。

(3) 专家意见协调指数：专家意见的协调程度是用于测量不同专家对同一问题上所持态度与所持观点的一致程度，通常不同专家对待同一问题的一致度越高，表示这一结果越接近真实水平。一般用肯尼尔系数 W 来表示协调指数，W 取值范围为0~1，W 值越接近1，表明专家对此指标体系的认同度越高，数据结果越准确。

由表3-11可知，W 值为0.753，说明专家对指标体系的认同度较高，P 值为0，小于0.01，具有显著差异性，表明专家认同度高，可信度较高。

表3-11 指标一致性检验统计表

W 值	P 值
0.753	0

(四) 专家咨询结果

1. 结果统计

变异指数是体现专家对结果评价的分散程度，它的值为标准差除以加权平均值，变异指数越小，分散程度越小，通常变异指数值超过0.25（大于等于0.25），则该指标需要删除，表明其协调程度不够（表3-12、表3-13）。

表3-12 一级指标专家咨询结果

一级指标	重要性			可操作性		
	加权平均值	标准差	变异指数	加权平均值	标准差	变异指数
体育历史与传统	3.75	0.91	0.24	3.50	0.76	0.22

(续表)

一级指标	重要性 加权平均值	标准差	变异指数	可操作性 加权平均值	标准差	变异指数
体育赛事影响力	4.05	0.83	0.20	3.90	0.85	0.22
体育媒体传播力	3.95	0.83	0.21	3.85	0.88	0.23
职业体育影响力	3.90	0.91	0.23	3.95	0.89	0.23
群众体育基础	3.65	0.81	0.22	3.85	0.81	0.21

表 3-13 二级指标专家咨询结果

一级指标	二级指标	重要性 加权平均值	标准差	变异指数	可操作性 加权平均值	标准差	变异指数
体育历史与传统	重大体育赛事历史举办数量	3.45	0.83	0.24	3.75	0.85	0.23
体育历史与传统	职业体育发展的历史成就	3.50	0.76	0.22	3.60	0.82	0.23
体育历史与传统	体育产业产值占城市 GDP 的比重	3.35	0.93	0.28	3.45	0.89	0.26*
体育赛事影响力	当年举办的国际顶级赛事的数量	4.30	0.73	0.17	4.45	0.60	0.13
体育赛事影响力	当年举办的品牌体育赛事的数量	3.95	0.76	0.19	4.20	0.70	0.17
体育媒体传播力	当年体育赛事举办与城市关联媒体报道量	3.95	0.76	0.19	3.70	0.73	0.20
体育媒体传播力	当年地标性体育场馆与城市关联媒体报道量	3.80	0.89	0.23	3.75	0.91	0.24
体育媒体传播力	拥有国际体育组织与城市关联媒体报道量	3.50	0.83	0.24	3.60	0.82	0.23
体育媒体传播力	当年职业体育俱乐部成绩与城市关联媒体报道量	4.10	0.72	0.18	4.00	0.79	0.20
职业体育影响力	高水平职业体育俱乐部数量	3.95	0.76	0.19	3.95	0.76	0.19
职业体育影响力	职业体育俱乐部当年联赛赛季成绩	4.25	0.72	0.17	4.25	0.72	0.17

（续表）

一级指标	二级指标	重要性 加权平均值	重要性 标准差	重要性 变异指数	可操作性 加权平均值	可操作性 标准差	可操作性 变异指数
群众体育基础	人均体育场地面积	4.05	0.76	0.19	4.05	0.76	0.19
群众体育基础	经常参加体育锻炼的人口比例	3.60	0.88	0.24	3.65	0.81	0.22

注：GDP，国内生产总值。
* 为协调指数不够，需要删除指标。

2. 专家第一轮意见汇总

有的专家提出应该考虑城市概况及在其世界上的知名度、人口数量等；同时应该考虑城市的金融能力和基础建设，如酒店或者机场的载客能力。这里需要说明的是，人口数量、酒店数量与机场建设、载客能力等确实是评定全球城市的重要指标因素，专家提出的建议是合理的，但由于本研究的评估范围涉及全球的近百个城市，数据收集工作量较大，且考虑到数据获取的易得性和可比性，本研究暂不考虑加入体育系统外的其他指标。

有的专家指出指标的通用性和权威性的保障问题，在这里需要解释的是，该指标的构建通过主客观赋值法所构建出的综合评估指标，首先，在专家的选择上选择对体育城市有所研究或者在体育行政管理方面有多年经验者以保证其一定的权威性。其次，通过对国内外近百个城市数据进行实证检验，以证明其通用性和可行性。

有的专家提出应该加入大众体育的教育资源如足球学校、篮球夏令营等的分配。大众体育的教育资源确实能反映出城市大众体育水平，但为了研究的方便性，本文保留了最主要的、显著的、数据易收集的指标，即群众体育基础。

有的专家提出目前的维度大部分是注重数量，应该适当加入影响力、质量等方面的维度，该建议是为了让指标所反映的数据更加全面客观，因此本文将对体育赛事有关的数量指标进行更改，通过对不同运动项目、不同等级赛事进行分级分类，在赋分结果环节进行差异化处理以体现不同赛事的影响力。

此外，许多专家就指标的增减提出了实质性的建议。经过仔细分析后，本书采纳了大部分专家意见，并在指标体系的修订中予以体现。

3. 体系修改情况

根据第一轮专家咨询的结果的分析,对第一轮指标进行删减,形成第二轮指标。

(1) 删除指标:二级指标,即删除"体育产业产值占城市 GDP 的比重"。

(2) 修改指标:二级指标,即将"重大体育赛事历史举办数量"改为"重大体育赛事历史举办影响力";"当年举办的国际顶级赛事的数量"改为"当年举办的国际顶级赛事的影响力";"当年举办的品牌体育赛事的数量"改为"当年举办的品牌体育赛事的影响力"。最终形成的体育城市评估体系如表 3-14 所示。

表 3-14 体育城市评估体系

一级指标	二级指标
体育历史与传统	重大体育赛事历史举办影响力
	职业体育发展的历史成就
体育赛事影响力	当年举办的国际顶级赛事的影响力
	当年举办的品牌体育赛事的影响力
体育媒体传播力	当年体育赛事举办与城市关联媒体报道量
	当年地标性体育场馆与城市关联媒体报道量
	拥有国际体育组织与城市关联媒体报道量
	当年职业体育俱乐部成绩与城市关联媒体报道量
职业体育影响力	高水平职业体育俱乐部数量
	职业体育俱乐部当年联赛赛季成绩
群众体育基础	人均体育场地面积
	经常参加体育锻炼的人口比例

(五) 确定评估体系权重

目前,构建评估体系权重主要采用两种方法。第一种是主观赋权法,即专家根据自身经验对各指标的重要程度进行判断和比较,随后通过数据处理来确定权重,层次分析法便是其中的一种。第二种是客观赋权法,它依据被评估对象实际数据的离散程度来确定权重,如主成分分析法和因子分析法等。尽管层次分析法在确定权重时得到了广泛应用,但它受到指标层级数量的限制,在面对众多指标时,需要进行复杂的两两比较,显示出其局限性。鉴于本研究涉及的指标数量较多,并且为了便于国内外的统计分析,本研究没有采用层次分析法来确定各指标的权重,而是选择了加权平均法。

考虑到本研究除了重要性外,还需要其具有实践操作性,因此分为重要性和可操作性两个属性,专家按照总分100分计算这两个属性的得分分别为45、55,因此权重值分别为0.45、0.55,将此作为计算指标权重值的隶属度。

假设M_i为专家在重要性属性上对第i项指标的赋值,M_{ji}为第j位专家对于第i项指标的赋值,N代表专家总数,那么第i项指标的平均值为

$$\overline{M}_{ji} = \sum M_{ji}/N$$

第i项指标的权重系数为

$$P_M = \overline{M}_{ji}/\sum \overline{M}_{ji}$$

假设K_i为专家在可操作性属性上对第i项指标的赋值,K_{ji}为第j位专家对于第i项指标的赋值,N代表专家总数,那么第i项指标的平均值为

$$\overline{K}_{ji} = \sum K_{ji}/N$$

第i项指标的权重系数为

$$P_K = \overline{K}_{ji}/\sum \overline{K}_{ji}$$

假设Y_i为单个指标属性权重,则指标的综合权重为

$$Y_i = 0.45 \times P_M + 0.55 \times P_K$$

考虑到国内外体育城市实际情况的差异性,本文一共发放了两个问卷,形成了全球体育城市(表3-15)和中国体育城市评估体系(表3-16)。

表3-15 全球体育城市评估体系各指标及权重

一级指标	一级指标权重	二级指标	二级指标权重
体育历史与传统	25%	重大体育赛事历史举办影响力	15%
		职业体育发展的历史成就	10%

（续表）

一级指标	一级指标权重	二级指标	二级指标权重
体育赛事影响力	25%	当年举办的国际顶级赛事的影响力	12.5%
		当年举办的品牌体育赛事的影响力	12.5%
体育媒体传播力	25%	当年体育赛事举办与城市关联媒体报道量	8.75%
		当年地标性体育场馆与城市关联媒体报道量	6.25%
		拥有国际体育组织与城市关联媒体报道量	3.75%
		当年职业体育俱乐部成绩与城市关联媒体报道量	6.25%
职业体育影响力	25%	高水平职业体育俱乐部数量	15%
		职业体育俱乐部当年联赛赛季成绩	10%

表 3-16　中国体育城市评估体系各指标及权重

一级指标	一级指标权重	二级指标	二级指标权重
体育历史与传统	20%	重大体育赛事历史举办影响力	10%
		职业体育发展的历史成就	10%
体育赛事影响力	20%	当年举办的国际顶级赛事的影响力	10%
		当年举办的品牌体育赛事的影响力	10%
体育媒体传播力	20%	当年体育赛事举办与城市关联媒体报道量	5%
		当年地标性体育场馆与城市关联媒体报道量	5%
		拥有国际体育组织与城市关联媒体报道量	5%
		当年职业体育俱乐部成绩与城市关联媒体报道量	5%
职业体育影响力	20%	高水平职业体育俱乐部数量	10%
		职业体育俱乐部当年联赛赛季成绩	10%
群众体育基础	20%	人均体育场地面积	10%
		经常参加体育锻炼的人口比例	10%

第三节　全球体育城市的评估指标释义

一、体育历史与传统

体育不仅是城市文化的一个重要组成部分,它还深刻地影响着整个城市的文化氛围。随着时间的推移,体育在城市中会沉淀出独特的历史和文化传统,这些传统有时甚至被视为城市的灵魂。鉴于此,为了便于进行量化分析,我们将"体育历史与传统"这一维度细分为两个二级指标:重大体育赛事历史举办影响力和职业体育发展的历史成就。通过对城市所举办的诸如奥运会这样全球规模宏大、水平顶尖、影响深远的国际综合体育盛事的评估,以及世界杯、世界锦标赛、世界巡回赛等单项国际顶级赛事的组织情况的梳理,我们可以观察一个城市在国际体育舞台上的地位和影响力。同时,城市所拥有的职业球队所取得的最高荣誉记录了该城市体育历史的辉煌时刻,并体现了其深厚的体育文化底蕴。这些因素共同构成了评估一个城市体育历史和传统的重要标准。

二、体育赛事影响力

体育赛事的举办是向全球展现城市体育文化水平和城市综合实力的舞台,也是吸引全球目光、宣传营销城市形象的重要手段[1]。城市所拥有的赛事资源是该城市的核心竞争力之一,该维度的二级指标有当年举办的国际顶级赛事的影响力、当年举办的品牌体育赛事的影响力,当年举办的国际顶级赛事的影响力是指如奥运会、世界杯、世界锦标赛、世界巡回赛等国际顶级体育赛事的举办,这类赛事对城市内部来说能实现基础设施的更新以及提升居民自豪感等经济社会功能,对城市外部来说也能吸引游客、提升城市知名度及影响力。当年举办的品牌体育赛事的影响力是指仅当地特色且具有一定知名度和影响力的

---

[1]　刘东锋.论全球体育城市的内涵、特征与评价.南京体育学院学报(社会科学版),2018,1(4):58-65.

运功项目比赛,该类赛事通常定期举办并成为当地特色吸引国内外游客的关注。

三、体育媒体传播力

全球化和信息化的到来,国际体育城市之间的频繁沟通,以及城市体育营销和体育文化传播等都离不开媒体的力量,体育与现代传媒的结合直接推动了体育商业化与职业化的发展,这一维度将体育与城市之间的量化关联性进行分析,反映的是城市体育营销传播方面的能力,主要包括当年体育赛事举办与城市关联媒体报道量、当年地标性体育场馆与城市关联媒体报道量、拥有国际体育组织与城市关联媒体报道量、当年职业体育俱乐部成绩与城市关联媒体报道量这4个二级指标,国内外城市的评价模型数据来源分别运用了不同的媒体平台,国外城市通过Google trends、道琼斯等网络媒体平台,国内城市通过慧科新闻搜索研究数据库和中文新闻数据库等媒体平台对数字网络环境中体育与城市之间的关联进行了深入分析。

四、职业体育影响力

职业体育是衡量一个城市是否是体育城市的重要指标之一,在北美最佳体育城市和世界顶级体育城市奖等国外评价机构的评选中都占有十分重要的地位。职业体育俱乐部是一种以经营某一项高水平运动项目训练和竞赛并进行训练竞赛以及附属产品开发的商业化体育企业[1],其在追求利益最大化的同时也开始逐渐从事公益项目,承担起一定的社会责任,对体育城市的建设推进起到了重要作用。该维度的二级指标有高水平职业体育俱乐部数量和职业体育俱乐部当年联赛赛季成绩。本书将高水平职业体育俱乐部数量定义为全球或者本国范围内顶级且职业化程度较高的球队,选取各国顶级足球、篮球、橄榄球、冰球、棒球的职业俱乐部数据。

---

[1] 宋忠良,陈华伟,贺新家.国际体育中心城市评价指标体系构建及实证研究.河南师范大学学报:自然科学版,2015(5):6.

五、群众体育基础

　　扎实的群众体育基础是营造活力四射的城市体育氛围的关键所在，它不但为职业体育赛事和各类体育活动提供了持续的消费推动力和社会支持力，而且是衡量一个国家或地区文明与发展水平的重要标准。为了准确评估这一点，中国体育城市排行榜设立了人均体育场地面积和经常参加体育锻炼的人口比例两个二级指标。经常参加体育锻炼的人口比例这一指标不但以可量化的方式体现了群众体育活动的普及程度，而且与体育社会化水平和居民价值观念紧密相关，它反映了公众对体育参与的兴趣和亲和力，同时也是经济和社会发展水平的标志。人均体育场地面积则显示了群众进行体育锻炼的现实条件和方便程度。体育场地不仅是公民开展体育锻炼、社会体育文化活动和娱乐休闲的重要场所，也是宝贵的体育资源。这一指标的好坏直接决定了群众体育活动的规模和效果。由于不同国家城市的政府统计标准不一，加之数据获取的难度大、工作量庞大，这一维度的指标未被纳入国外城市的评估标准。然而，在中国，这些数据可以通过国家体育总局及地方体育局的官方网站等渠道获得，这些数据具有统一的统计口径，且数据的可得性和准确性较高，具有良好的可比性，因此被纳入中国体育城市评估的标准之中。

第四章

全球体育城市指数评估结果

本书中全球体育城市指数(global sport cities index，GSCI)评估包含了2022年及2023年两个年度的评估结果，并分为全球体育城市指数总排行榜以及中国体育城市指数排行榜两部分进行展示。其中，全球体育城市指数总排行榜除总排行榜之外，还包括了体育历史与传统指数排行榜、体育赛事影响力指数排行榜、体育媒体传播力指数排行榜及职业体育影响力指数排行榜，共4个分类排行榜。中国体育城市指数排行榜除总排行榜之外，还包括了体育历史与传统指数排行榜、体育赛事影响力指数排行榜、体育媒体传播力指数排行榜、职业体育影响力指数排行榜以及群众体育基础指数排行榜，共5个分类排行榜。

第一节 全球体育城市指数总排行

一、2022年全球体育城市指数总排行榜

2022年全球体育城市指数总排行榜的数据统计周期为2021年1月1日～2021年12月31日。该年度就城市体育发展水平及经济发展水平等因素共提名了全球80个城市入选评估城市范围。经过指数统计，最终50个城市进入2022年全球体育城市指数总排行榜(表4-1)。

表4-1 2022年全球体育城市指数总排行榜

序号	城市	英文	国家
1	东京	Tokyo	日本
2	伦敦	London	英国

(续表)

序号	城市	英文	国家
3	洛杉矶	Los Angeles	美国
4	纽约	New York	美国
5	巴黎	Paris	法国
6	芝加哥	Chicago	美国
7	柏林	Berlin	德国
8	悉尼	Sydney	澳大利亚
9	墨尔本	Melbourne	澳大利亚
10	洛桑	Lausanne	瑞士
11	波士顿	Boston	美国
12	里约热内卢	Rio de janeiro	巴西
13	迪拜	Dubai	阿联酋
14	汉堡	Hamburg	德国
15	莫斯科	Moscow	俄罗斯
16	多哈	Doha	卡塔尔
17	亚特兰大	Atlanta	美国
18	首尔	Seoul	韩国
19	新加坡	Singapore	新加坡
20	慕尼黑	Munich	德国
21	印第安纳波利斯	Indianapolis	美国
22	布达佩斯	Budapest	匈牙利
23	丹佛	Denver	美国
24	巴塞罗那	Barcelona	西班牙
25	开普敦	Cape Town	南非
26	旧金山	San Francisco	美国
27	马赛	Marseilles	法国
28	马德里	Madrid	西班牙
29	盐湖城	Salt Lake City	美国
30	迈阿密	Miami	美国
31	北京	Beijing	中国

(续表)

序号	城市	英文	国家
32	达拉斯	Dallas	美国
33	费城	Philadelphia	美国
34	喀山	Kazan	俄罗斯
35	圣保罗	Sao Paulo	巴西
36	温哥华	Vancouver	加拿大
37	伊斯坦布尔	Istanbul	土耳其
38	上海	Shanghai	中国
39	米兰	Milan	意大利
40	大阪	Osaka	日本
41	多特蒙德	Dortmund	德国
42	罗马	Rome	意大利
43	曼彻斯特	Manchester	英国
44	摩纳哥	Monaco	摩纳哥
45	都灵	Turin	意大利
46	蒙特利尔	Montreal	加拿大
47	格拉斯哥	Glasgow	英国
48	谢菲尔德	Sheffield	英国
49	多伦多	Toronto	加拿大
50	伯明翰	Birmingham	英国

从表4-1可以看出，上榜城市最多的国家是美国，共有12座城市进入榜单，占比24%；英国有5座城市上榜，占比10%；德国上榜4座城市，占比8%；中国有北京和上海两座城市上榜，分列第31名和第38名。

从各个城市的总排名情况来看，日本东京总排名第1。东京的体育赛事影响力和体育媒体传播力遥遥领先，这与它在2021年举办了奥运会有关。同时，其职业体育影响力排名位于第3，体育历史与传统排名位于第3，均位于世界前列。伦敦依靠其悠久的体育历史与文化位列总排名第2，其体育历史与传统排名位于第1，贡献率达到了31.1%，职业体育影响力排名位于第2，贡献率达到了26.4%，伦敦2022年体育赛事影响力和2022年体育媒体传播力分别排在第4和第3。洛杉矶、纽约两个美国城市凭借着发展繁荣的职业体育赛事在榜单中名列前茅（图4-1）。

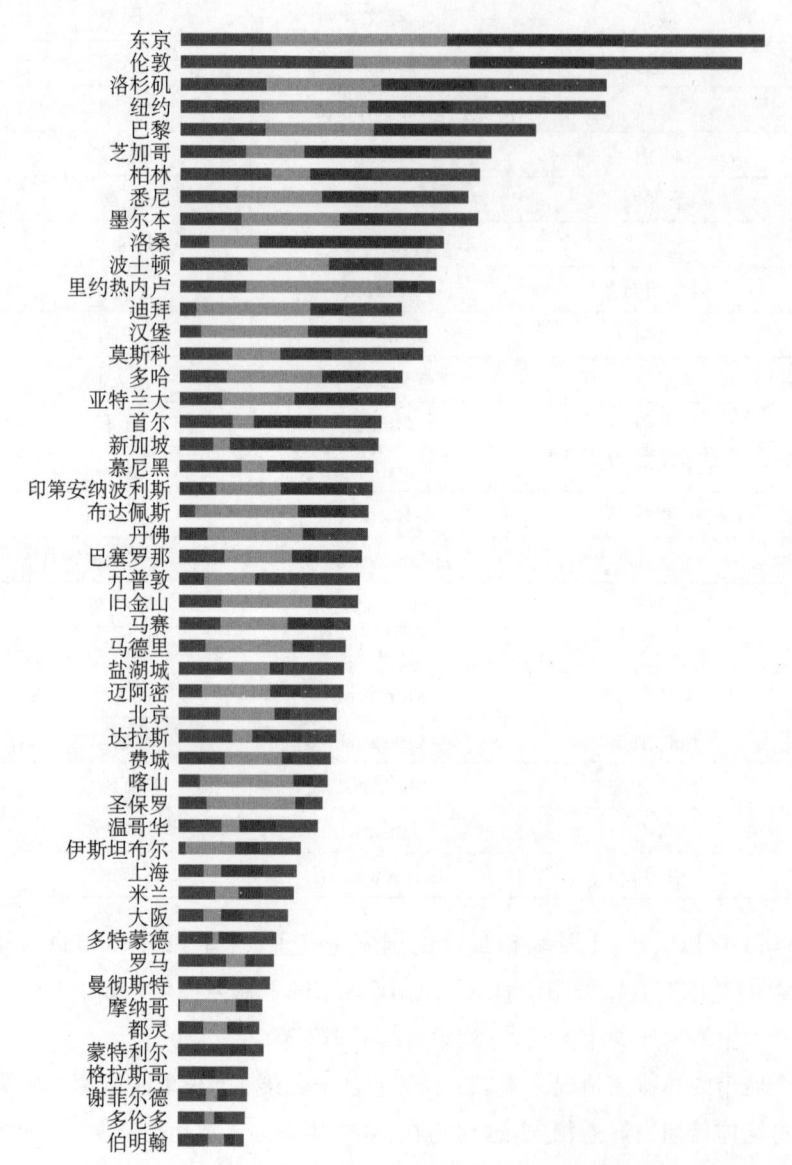

■ 体育历史与传统　■ 体育赛事影响力　■ 体育媒体传播力　■ 职业体育影响力

图 4-1　2022 年全球体育城市指数总排行

色块大小代表各评估指标的贡献

二、2023 年全球体育城市指数总排行榜

2023 年全球体育城市指数总排行榜的数据统计周期为 2022 年 1 月 1 日~2022 年 12 月 31 日。2023 年延续了 2022 年排行榜的方法论,就城市体育发展水平及经济发展水平等因素提名了全球 80 个城市。经过指数计算,最终 50 个城市进入 2023 年全球体育城市指数总排行榜(表 4-2)。

表 4-2 2023 年全球体育城市指数总排行榜

排名	城市	英文	国家	2022 年排名
1	伦敦	London	英国	2
2	洛杉矶	Los Angeles	美国	3
3	纽约	New York	美国	4
4	东京	Tokyo	日本	1
5	巴黎	Paris	法国	5
6	多哈	Doha	卡塔尔	16
7	芝加哥	Chicago	美国	6
8	柏林	Berlin	德国	7
9	墨尔本	Melbourne	澳大利亚	9
10	新加坡	Singapore	新加坡	19
11	迈阿密	Miami	美国	30
12	慕尼黑	Munich	德国	20
13	北京	Beijing	中国	31
14	汉堡	Hamburg	德国	14
15	达拉斯	Dallas	美国	32
16	悉尼	Sydney	澳大利亚	8
17	波士顿	Boston	美国	11
18	巴塞罗那	Barcelona	西班牙	24

(续表)

排名	城市	英文	国家	2022年排名
19	费城	Philadelphia	美国	33
20	亚特兰大	Atlanta	美国	17
21	马德里	Madrid	西班牙	28
22	盐湖城	Salt Lake City	美国	29
23	迪拜	Dubai	阿联酋	13
24	丹佛	Denver	美国	23
25	首尔	Seoul	韩国	18
26	印第安纳波利斯	Indianapolis	美国	21
27	洛桑	Lausanne	瑞士	10
28	旧金山	San Francisco	美国	26
29	莫斯科	Moscow	俄罗斯	15
30	曼彻斯特	Manchester	英国	43
31	里约热内卢	Rio de janeiro	巴西	12
32	布达佩斯	Budapest	匈牙利	22
33	开普敦	Cape Town	南非	25
34	大阪	Osaka	日本	40
35	多伦多	Toronto	加拿大	49
36	伊斯坦布尔	Istanbul	土耳其	37
37	温哥华	Vancouver	加拿大	36
38	蒙特利尔	Montreal	加拿大	46
39	多特蒙德	Dortmund	德国	41
40	马赛	Marseilles	法国	27
41	伯明翰	Birmingham	英国	50
42	圣保罗	Sao Paulo	巴西	35

(续表)

排名	城市	英文	国家	2022年排名
43	米兰	Milan	意大利	39
44	罗马	Rome	意大利	42
45	谢菲尔德	Sheffield	英国	48
46	喀山	Kazan	俄罗斯	34
47	上海	Shanghai	中国	38
48	都灵	Turin	意大利	45
49	格拉斯哥	Glasgow	英国	47
50	奥克兰	Oakland	新西兰	51

上榜城市最多的国家是美国，共有12座城市进入榜单，其中3座进入前10名，榜单总占比24%；英国第二，共有5座城市上榜，占比10%；德国第4，共有4座城市上榜，占比8%。从地区来看，上榜城市多分布在欧洲、北美洲、东亚等经济较发达地区。在排名前10名的城市中，美国占比最高，有3座上榜城市，欧洲3座城市上榜，亚洲3座城市上榜（表4-2）。中国上榜城市与去年一致，为北京和上海。

从各个城市的情况来看，前5位城市变化相对较小。本年度伦敦从第2上升至第1，其体育历史与传统和职业体育影响力排名位于第1，体育赛事影响力第2，体育媒体传播力第6。多哈由于2022年举办卡塔尔世界杯，体育赛事影响力和体育媒体传播力均上升，排名也上升了10位，位列第6。新加坡由于2022年举办了F1大奖赛（2021年该体育赛事因为新冠疫情取消）、三人篮球世界杯、新加坡全国运动会等赛事，体育赛事影响力与体育媒体传播力均有上升，排名也上升了9位，名列第10。

较2022年而言，北京排名从第31位提升到第13位，原因是冬奥会的成功举办让北京的体育赛事影响力和体育媒体传播力得到大幅提升；上海则由于2022年度举办赛事较少导致从去年的38位下跌到了第47位（图4-2）。

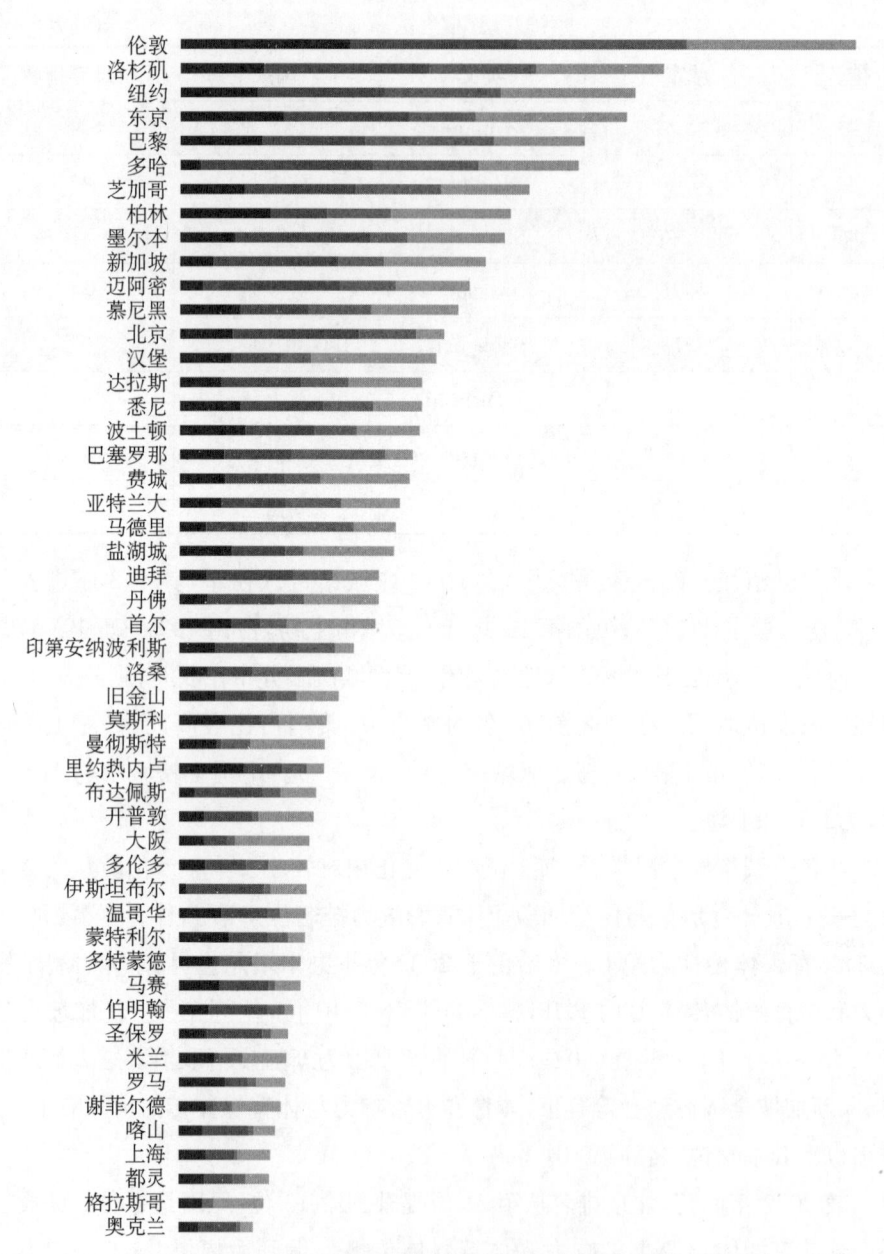

图 4-2　2023 年全球体育城市指数总排行

色块大小代表各评估指标的贡献率大小

第二节　全球体育城市分项指数排行

一、体育历史与传统指数排行榜

（一）2022年全球体育城市体育历史与传统指数排行榜

体育历史与传统包括了重大体育赛事历史举办影响力和职业体育发展的历史成就两个指标。排名第1的城市为英国伦敦，其重大体育赛事历史举办影响力和职业体育发展的历史成就均排名第1。伦敦作为英国的首都，也是经济、体育和旅游中心，汇集了英伦顶级的体育俱乐部，自1877年以来，每年都举办温布尔登网球锦标赛这一网球界重要赛事；举办过3次奥运会以及多个单项世界锦标赛和世界杯。其丰厚的体育历史文化底蕴造就了其全球著名体育城市的地位。排名第2、3的分别为德国柏林及日本东京。柏林与东京之间的评价得分相差不大，但是较排名第1的伦敦而言有明显差距。柏林作为德国的首都，拥有悠久的历史和文化传统。柏林曾多次举办国际性的体育赛事，其中最著名的是1936年夏季奥运会。此外，柏林还定期举办马拉松赛、田径赛等国际性赛事，展现了柏林作为体育城市的实力。日本举办了2次奥运会，同时也举办了洲际综合赛事和多个单项世界级赛事。日本是亚洲最早举办各类大型体育赛事的国家，东京作为日本的首都，其市民对体育有着浓厚的兴趣，从传统的日本武道、相扑、剑道到现代的足球、棒球、网球、游泳等，东京市民积极参与各类体育运动，形成了多元的体育文化。排名第4的洛杉矶举办过2次奥运会，并且2028年将举办第3次奥运会。它是公认的"全美体育胜地"和"奥运之城"。它的体育产业实力强，体育文化品牌知名度高。排名第5的巴黎是世界上第2个举办现代奥运会的国家，并且也在2024年举办了第3次奥运会，同时，它还举办过2次足球世界杯以及多次世界级大赛，是现代奥林匹克的发祥地（图4-3）。

（二）2023年全球体育城市体育历史与传统指数排行榜

2023年，从城市的体育历史与传统来看，排名前5的城市只有东京和柏林的排名发生了变化。东京的排名上升一位，主要是由于其在2021年举办的东京奥运会极大地提升了东京的体育文化历史底蕴（图4-4）。

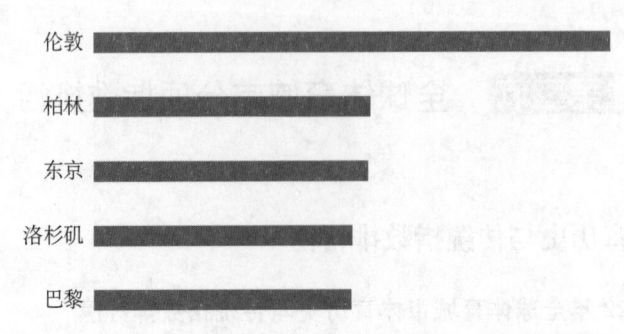

图 4-3　2022 年全球体育城市体育历史与传统指数排行榜前 5 位

图 4-4　2023 年全球体育城市体育历史与传统指数排行榜前 5 位

二、体育赛事影响力指数排行榜

（一）2022 年全球体育城市体育赛事影响力指数排行榜

体育赛事影响力主要包含 2021 年举办的国际顶级赛事的影响力以及 2021 年举办的品牌体育赛事的影响力。2021 年，排名第 1 的日本举办了东京奥运会，来自世界各地的奥运健儿齐聚一堂，奉献了一场盛大而精彩的体育盛会。排名第 2 的里约热内卢因 2016 年里约奥运会的余热，体育赛事影响力排名依然居高位。多哈成功申办卡塔尔世界杯，体育赛事影响力持续走高，位居第 3。伦敦拥有丰富的赛事资源，除了本土的职业联赛外，还常年有网球、板球等国际性年度赛事，以及体育嘉年华等各种形式的大众性体育赛事活动。在 2021 年，伦敦举办了国际田联钻石联赛、伦敦马拉松赛等世界级赛事。洛杉矶的体育产业实力强，体育文化品牌知名度高。洛杉矶的职业赛事和普及度极高的群众体育，带动了城市的体育发展（图 4-5）。

东京

里约热内卢

多哈

伦敦

洛杉矶

图 4-5　2022 年全球体育城市体育赛事影响力指数排行榜前 5 位

（二）2023 年全球体育城市体育赛事影响力指数排行榜

2023 年全球体育城市体育赛事影响力指数排行榜中，多哈对比 2022 年上升 2 个名次，跃居第 1，主要是由于 2022 年卡塔尔足球世界杯的成功举办，卡塔尔成为第一个主办世界杯的中东国家，首都多哈也因此备受瞩目，吸引了世界各地的球迷和游客。排名第 2 的是伦敦，本土的职业联赛依旧得到了大量的关注。排名第 3 的洛杉矶，作为全美第 2 大城市，也将成为第 3 次举办奥运会的城市，是公认的"全美体育胜地"和"奥运之城"。迈阿密因 2022 年举办 F1 迈阿密大奖赛、迈阿密网球公开赛（ATP）、环球马术冠军赛迈阿密站等赛事排名上升 16 名，位居第 4。墨尔本因举办世界游泳锦标赛、澳大利亚网球公开赛等赛事，排名上升位居第 5（图 4-6）。

多哈

伦敦

洛杉矶

迈阿密

墨尔本

图 4-6　2023 年全球体育城市体育赛事影响力指数排行榜前 5 位

三、体育媒体传播力指数排行榜

（一）2022 年全球体育城市体育媒体传播力指数排行榜

从图 4-7 可以看出，排名第 1 的东京由于 2021 年举办了东京奥运会，在体育媒体传播力上遥遥领先。排名第 2 的洛桑是多个国际体育组织的所在地，同样得到了一定的媒体关注度。排名第 3 的伦敦举办过足球世界杯、温布尔登网球锦标赛、世界田径锦标赛等各类著名大型体育赛事，这些大型体育赛事提升了城市品质和国际竞争力，为伦敦打造体育城市起到了很好的推动作用。芝加哥、洛杉矶每年都有世界级职业赛事举办，为其提供了大量的媒体曝光度（图 4-7）。

图 4-7　2022 年全球体育城市体育媒体传播力指数排行榜前 5 位

（二）2023 年全球体育城市体育媒体传播力指数排行榜

在 2023 年全球体育城市体育媒体传播力指数排行榜中，英国伦敦排名第 1，较 2022 年排行榜中从第 3 上升到了第 1，体育全方位渗入人们日常生活已经成为伦敦这座城市特质中最能打动人心的部分，传统媒体、新媒体和社交娱乐平台上包含伦敦的新闻报道数量极多、传播力较广。法国巴黎紧随其后排名第 2，由 2022 年的第 7 跃居到 2023 年的第 2。巴黎圣日耳曼足球俱乐部在 2022 年度为巴黎贡献了传统媒体和社交媒体较多的关注，法国网球公开赛、国际田联钻石联赛巴黎站等赛事的举办也提升了巴黎的媒体传播力。排名第 3 的纽约是美国职业棒球联盟、国家橄榄球联盟、职业冰球联盟、国家篮球联盟这美国四大职业联盟的总部所在地，众多的体育赛事给纽约带来了较强的体育媒体传播力。排名第 4 的洛杉矶是福克斯体育网的总部所在地，高度发达的文娱产业也为洛杉矶的体育宣传和体育营销提供了得天独厚的条件。排名第 5 的多哈则因为卡塔尔世界杯而引起了众多媒体的关注（图 4-8）。

伦敦
巴黎
纽约
洛杉矶
多哈

图 4-8　2023 年全球体育城市体育媒体传播力指数排行榜前 5 位

四、职业体育影响力指数排行榜

(一) 2022 年全球体育城市职业体育影响力指数排行榜

全球体育城市职业体育影响力指数的衡量指标主要为各个城市高水平职业体育俱乐部数量及职业体育俱乐部 2021 年联赛赛季成绩。排名第 1 的纽约,在其职业体育影响力评分中,职业体育 2021 赛季的突出表现为其贡献了较大的分数。纽约成熟的体育俱乐部运作模式有着庞大的商业版图,俱乐部老板往往还涉足体育娱乐公司、体育场馆、酒店、特许经营和商品等领域,虽然俱乐部数量较少,但多为知名职业体育俱乐部,如纽约洋基棒球队等。排名第 2 的伦敦,在其职业体育影响力评分中,职业体育 2021 赛季的表现和其职业体育俱乐部的数量得分基本持平。伦敦职业体育高度发达,职业体育俱乐部数量众多,有 13 家足球职业俱乐部,其中 5 家属于英超足球联赛。排名第 3 的东京,在其职业体育影响力评分中,职业体育 2021 赛季的表现较好,其职业体育俱乐部的数量得分也相对较高。东京的职业体育俱乐部在 2021 年的表现较好,同时也给这个城市带来了一定的关注度(图 4-9)。

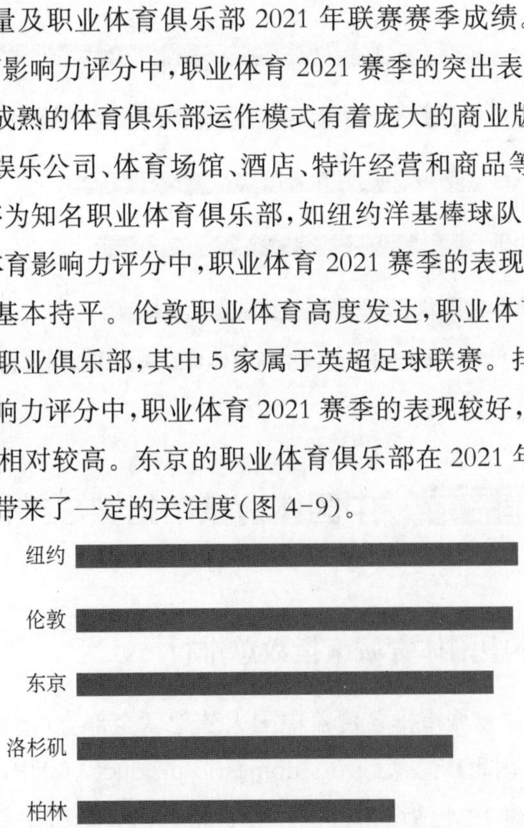

纽约
伦敦
东京
洛杉矶
柏林

图 4-9　2022 年全球体育城市职业体育影响力指数排行榜前 5 位

（二）2023 年全球体育城市职业体育影响力指数排行榜

在 2023 年全球体育城市职业体育影响力指数排行榜中，伦敦排名第 1，其体育俱乐部在所属领域内有着丰富的历史传统，也在国际体育舞台上有着较高的知名度和影响力。例如，2022 年，富勒姆足球俱乐部、托特纳姆热刺足球俱乐部等在英超、英格兰冠军联赛等赛事中表现不俗，因此排名上升。排名第 2 的是东京，其拥有众多体育俱乐部，涵盖各种体育项目。例如，知名的足球俱乐部东京足球俱乐部具有庞大的球迷基础。2022 年，东京的棒球俱乐部及橄榄球俱乐部成绩增长，顺而拉高了东京的职业体育影响力。排名第 3 的是纽约，纽约有成熟的体育俱乐部运作模式和庞大的商业版图，俱乐部老板往往还涉足体育娱乐公司、体育场馆、酒店、特许经营和商品等领域。汉堡因 2022 年男子曲棍球俱乐部成绩的提升，排名迅速上升，跃居第 5（图 4-10）。

图 4-10　2023 年全球体育城市职业体育影响力指数排行榜前 5 位

第三节　中国体育城市指数总排行

一、2022 年中国体育城市指数总排行

2022 年中国体育城市排名覆盖中国大陆地区全部省（市、自治区），并根据省会城市级别、国内生产总值（gross domestic product，GDP）排名等因素共提名 40 个城市入选本次评估城市范围。综合指标由 5 个维度组成，体育历史与

传统占比10%,体育赛事影响力占比20%,体育媒体传播力占比30%,职业体育影响力占比20%,群众体育基础占比20%。最终,30个城市进入2022年中国体育城市指数排行榜。

在2022年中国体育城市指数总排行中,北京位列第1,上海位列第2,广州位列第3。北京发挥"双奥城市"特色优势,加快了国际体育中心城市的建设,在国内城市排名中领跑。上海努力打造世界一流的国际体育赛事之都,F1、网球、斯诺克、马术、田径,每一项赛事登陆上海,都是开中国甚至整个亚洲之先河,以微弱差距居国内第2。第3、第4均是广东省的城市,2021年广东省体育产业总规模、增加值、GDP占比等主要数据继续位居全国第1,助推广州、深圳两大体育城市的蓬勃发展(表4-3、图4-11)。

表4-3　2022年中国体育城市指数总排行

排名	城市	省(市、自治区)
1	北京	北京
2	上海	上海
3	广州	广东
4	深圳	广东
5	杭州	浙江
6	济南	山东
7	西安	陕西
8	长春	吉林
9	成都	四川
10	南京	江苏
11	沈阳	辽宁
12	天津	天津
13	大连	辽宁
14	青岛	山东
15	郑州	河南
16	海口	海南
17	苏州	江苏

(续表)

排名	城市	省（市、自治区）
18	武汉	湖北
19	重庆	重庆
20	乌鲁木齐	新疆
21	三亚	海南
22	太原	山西
23	西宁	青海
24	福州	福建
25	南昌	江西
26	南宁	广西
27	呼和浩特	内蒙古
28	银川	宁夏
29	石家庄	河北
30	合肥	安徽

二、2023年中国体育城市指数总排行

与2022年度提名城市标准一致，2023年度40个提名城市中，最终30个城市进入2023年中国体育城市指数排行榜。其中，北京继续排名第1，2022年北京冬奥会的成功举办受到了世界的关注，并在体育历史与传统、体育赛事影响力、体育媒体传播力、职业体育影响力及群众体育基础等方面表现出色。上海排名第2，在职业体育影响力和群众体育基础方面表现不错，但在体育赛事影响力和体育媒体传播力方面的得分相对较低。2022年上海举办赛事数量相对较少，一定程度上影响了体育赛事影响力和体育媒体传播力的得分。2022年杭州亚运会虽然推迟，但一定程度上带来了媒体的关注，本年度杭州排名第3。广州和济南在体育媒体传播力和职业体育影响力方面表现良好，但体育历史与传统和体育赛事影响力得分相对较低（表4-4、图4-12）。

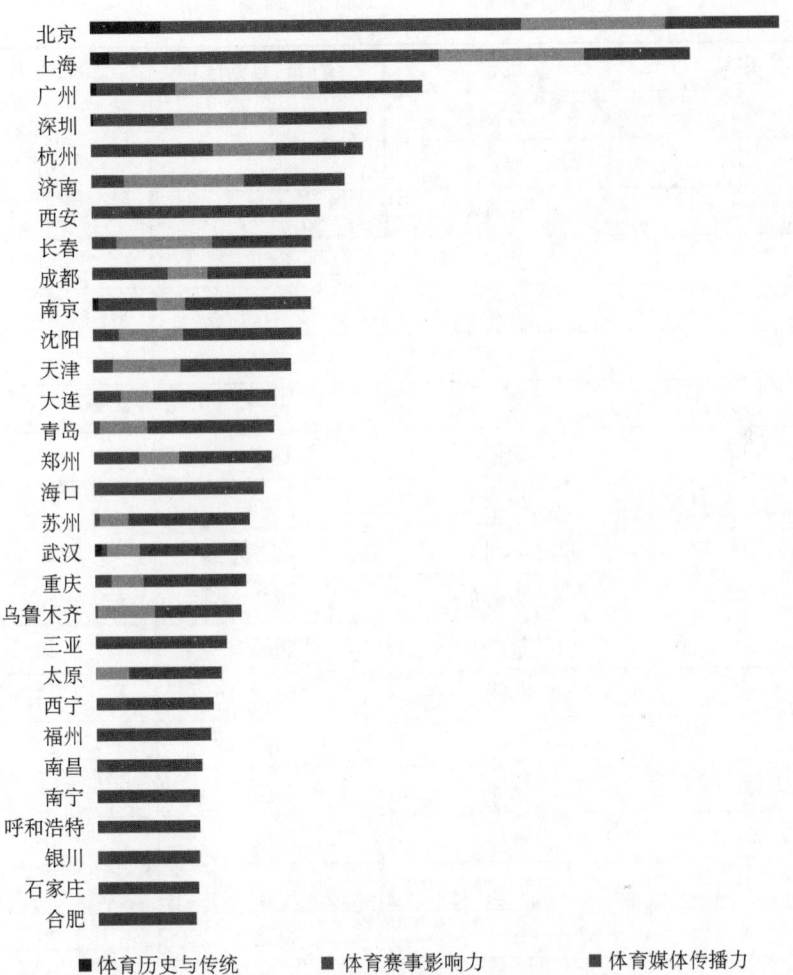

第四章 全球体育城市指数评估结果

图 4-11 2022 年中国体育城市指数总排行

图例：■ 体育历史与传统　■ 体育赛事影响力　■ 体育媒体传播力　■ 职业体育影响力　■ 群众体育基础

城市排序（从上到下）：北京、上海、广州、深圳、杭州、济南、西安、长春、成都、南京、沈阳、天津、大连、青岛、郑州、海口、苏州、武汉、重庆、乌鲁木齐、三亚、太原、西宁、福州、南昌、南宁、呼和浩特、银川、石家庄、合肥

色块大小代表各评估指标的贡献大小

表 4-4　2023 年中国体育城市指数总排行

序号	城市	省（市、自治区）	2022 年排名
1	北京	北京	1
2	上海	上海	2
3	杭州	浙江	5
4	广州	广东	3

(续表)

序号	城市	省(市、自治区)	2022年排名
5	济南	山东	6
6	成都	四川	10
7	深圳	广东	4
8	武汉	湖北	18
9	大连	辽宁	13
10	长春	吉林	11
11	天津	天津	12
12	沈阳	辽宁	9
13	南京	江苏	7
14	苏州	江苏	17
15	青岛	山东	14
16	乌鲁木齐	新疆	20
17	郑州	河南	15
18	太原	山西	22
19	三亚	海南	21
20	海口	海南	16
21	宁波	浙江	37
22	厦门	福建	36
23	重庆	重庆	19
24	银川	宁夏	28
25	福州	福建	24
26	南昌	江西	25
27	石家庄	河北	29
28	贵阳	贵州	32
29	合肥	安徽	30
30	南宁	广西	26

第四章 全球体育城市指数评估结果

图 4-12　2023 年中国体育城市指数总排行
色块大小代表各评估指标的贡献大小

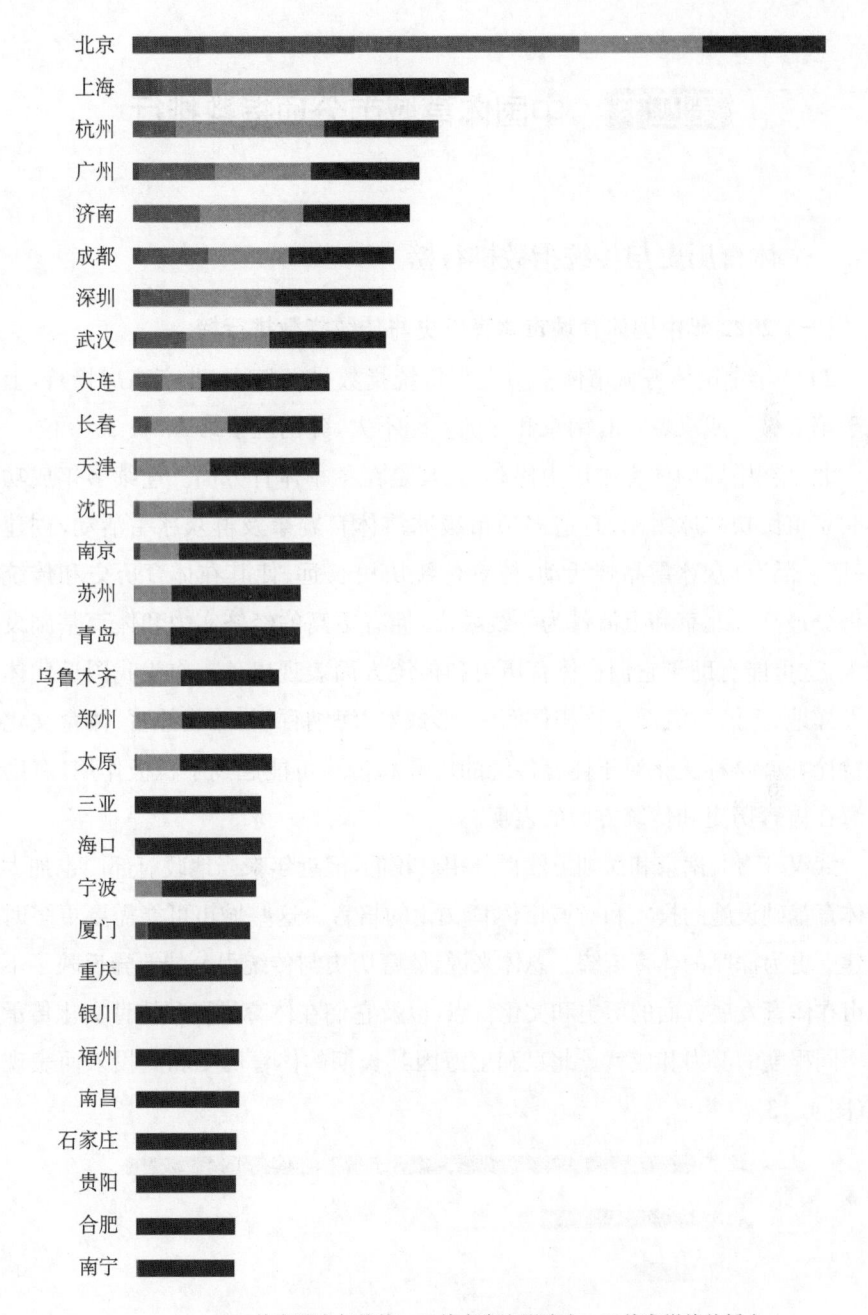

■ 体育历史与传统　■ 体育赛事影响力　■ 体育媒体传播力
■ 职业体育影响力　■ 群众体育基础

排名（自上而下）：北京、上海、杭州、广州、济南、成都、深圳、武汉、大连、长春、天津、沈阳、南京、苏州、青岛、乌鲁木齐、郑州、太原、三亚、海口、宁波、厦门、重庆、银川、福州、南昌、石家庄、贵阳、合肥、南宁

第四节　中国体育城市分项指数排行

一、体育历史与传统指数排行榜

(一) 2022 年中国体育城市体育历史与传统指数排行榜

2022 年中国体育城市体育历史与传统指数排行榜中，北京高居榜首，上海位于第 2 位。武汉、广州、南京和深圳差距不大，分别位于第 3、4、5、6 位。

北京在中国的体育中历史悠久，尤其是在冬季体育方面。连续多年成功举办北京市民快乐冰雪季，打造多项市级冰雪体育赛事及群众冰雪活动，创建了"一区一品"群众冰雪品牌活动，体育传统历史长远，使其在体育历史和传统方面得分最高。北京和上海作为一线城市，拥有更高的经济实力和体育基础设施投入，这可能有助于它们在体育历史和传统方面表现出色。作为我国近代体育的发祥地，上海与海派文化相伴而生，形成对"海纳百川、兼收并蓄"体育文化的独特诠释。这种文化对于体育传统的培养和传承可能起到了积极作用，有助于上海在体育历史和传统方面的表现。

武汉、广州、南京和深圳虽然得分相对较低，但近年来当地政府部门也加大了对体育基础设施的投入和对城市体育文化的培育。这些城市可能需要更多时间来建立更为深厚的体育传统。总体来说，体育历史与传统得分的差异反映了不同城市在体育发展方面的历史和文化特点，以及它们在体育投资和体育文化传承方面不同程度的努力和成就。北京和上海因其长期的体育历史和高投入而表现出色(图 4-13)。

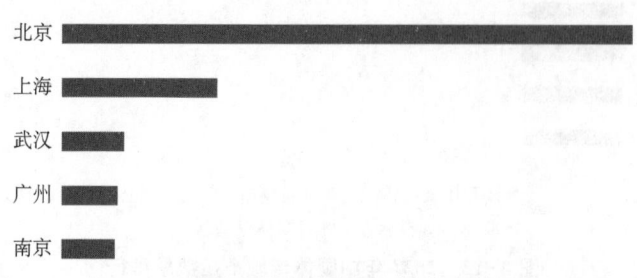

图 4-13　2022 年中国体育城市体育历史与传统指数排行榜前 5 位

(二) 2023 年中国体育城市体育历史与传统指数排行榜

2023 年中国体育城市体育历史与传统指数排行榜中,北京、上海、深圳、广州、南京分列第 1～5 位。2023 年,深圳成功举办了国际田联钻石联赛深圳站这一历史性赛事,从而使其排名提升,跃居第 3 位(图 4-14)。

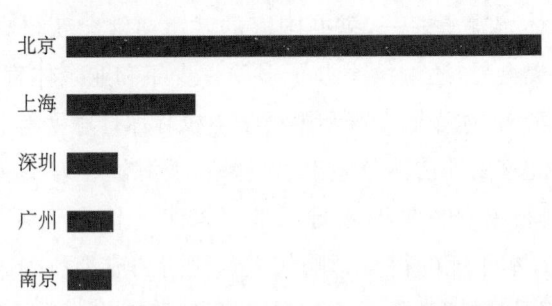

图 4-14　2023 年中国体育城市体育历史与传统指数排行榜前 5 位

二、体育赛事影响力指数排行榜

(一) 2022 年中国体育城市体育赛事影响力指数排行榜

在 2022 年中国体育城市体育赛事影响力指数排行榜中,北京、上海高分居于第 1、2 位,北京借冬奥会之风,成功举办青少年 U 系列短道速滑、花样滑冰、滑雪、冰壶冠军赛和中小学生校际冰球联赛,组织青少年冰球俱乐部联赛,25 个俱乐部的近 3 600 名小球员参赛,比赛场次达到 1 224 场,赛事规模继续保持亚洲第 1。F1 电竞中国冠军赛、国际田联钻石联赛等选择在上海举办,给"魔都"添了许多人气。西安因在 2021 年举办第十四届全运会位列第 3。南京因 2018 年举办世界羽毛球锦标赛、世界滑板(碗池)锦标赛,2019 年举办国际篮联篮球世界杯、世界街舞锦标赛及街舞世界杯位列第 4。郑州由于 2021 年举办郑开马拉松赛位列第 5(图 4-15)。

图 4-15　2022 年中国体育城市体育赛事影响力指数排行榜前 5 位

（二）2023年中国体育城市体育赛事影响力指数排行榜

在2023年中国体育城市体育赛事影响力指数排行榜中，北京继续位列第1，上海、厦门和成都位列第2~4。北京成功举办了冬奥会，这是一项历史性的国际体育赛事，对于北京的体育赛事影响力产生了巨大的正面影响。冬奥会是全球最大的冬季体育赛事之一，举办国家的城市通常会获得高度的认可和评分。北京除了冬奥会外，还继续举办了多项青少年和业余体育赛事，包括短道速滑、花样滑冰、滑雪、冰壶冠军赛和中小学生校际冰球联赛等。这些赛事的规模和影响力也为北京的评估得分做出了贡献。上海位居第2，但与第1位北京的差距较2022排行榜中的大，主要原因是2022年上海由于新冠疫情取消了一系列赛事，对上海本年度的得分影响较大。厦门和成都位列第3、第4。2022年，厦门举办厦门马拉松赛，获得了2021"世界田联精英白金标"赛事认证，这也是继上海马拉松赛之后，国内第二项世界田联白金赛事。成都举办2022年第56届国际乒联世界乒乓球团体锦标赛、成都马拉松赛等大型赛事。其中，成都马拉松赛被评为世界马拉松大满贯候选赛事、世界田联精英标牌赛事、中国田径协会金牌赛事。此外，成都2023年成功举办成都大运会这一国际综合赛事，也提高了成都的体育赛事影响力（图4-16）。

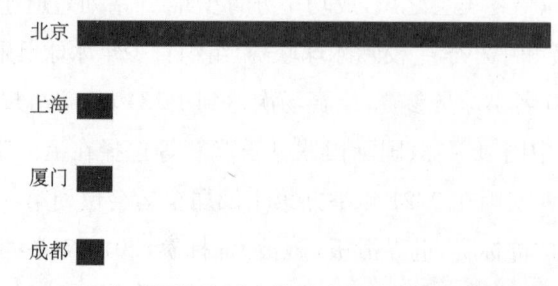

图4-16 2023年中国体育城市体育赛事影响力指数排行榜前4位

三、体育媒体传播力指数排行榜

（一）2022年中国体育城市体育媒体传播力指数排行榜

体育媒体传播力根据各体育城市在搜索引擎、社交媒体平台、传统媒体上的表现得出排行结果。北京以微弱优势位列第1，上海第2，杭州第3。作为目前世界上唯一一个举办过夏季和冬季奥运会的城市，北京拥有多次承办世界大赛的经验。北京有极高的赛事影响力,优良的办赛水平,加上贯穿全年的各个项目的职业联赛,大大增加了北京在国内外媒体报道中的曝光量,城市媒体影响力不断攀升。北京冬奥会更使北京得到了大量的关注。上海马拉松赛、国际田联钻石联赛等赛事为上海赢得了较多的媒体曝光度,杭州亚运会的举办和造势宣传,媒体热度可观。广州、成都分列第 4、第 5(图 4-17)。

图 4-17 2022 年中国体育城市体育媒体传播力指数排行榜前 5 位

(二) 2023 年中国体育城市体育媒体传播力指数排行榜

2023 年中国体育城市体育媒体传播力指数排行榜排第 1 位的城市为北京,2022 年北京冬奥会吸引了全球的关注,使北京成为媒体报道的热点城市。广州、济南、成都和深圳在体育赛事、俱乐部和体育场馆方面的媒体报道量较高,分列第 2~5 位。其中,山东泰山足球俱乐部、成都蓉城足球俱乐部等在国内中国超级联赛(简称"中超")赛事中均取得了不错的成绩,受到了媒体的广泛报道。广州队足球俱乐部虽然成绩不理想,但依然受到了媒体的广泛关注(图 4-18)。

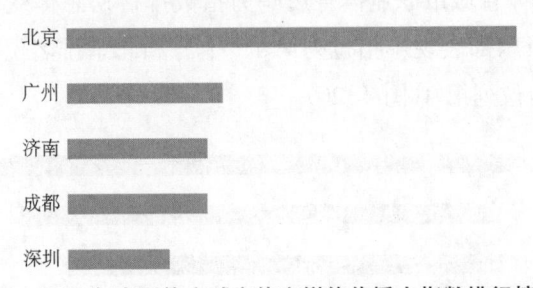

图 4-18 2023 年中国体育城市体育媒体传播力指数排行榜前 5 位

四、职业体育影响力指数排行榜

(一) 2022 年中国体育城市职业体育影响力指数排行榜

2022 年中国体育城市职业体育影响力排行榜由城市所拥有的职业体育俱

乐部数量、规模得分以及该俱乐部取得的比赛成绩得分综合计算得出。北京、广州、上海并列第1位,济南、深圳紧跟其后。北京的北京国安足球俱乐部、北京首钢篮球俱乐部在本年度赛季中成绩良好。广州的广州队、广州城足球俱乐部分别获得了2021年度中超的第2和第4,为广州职业体育影响力排名做出了较大贡献。上海3家职业体育俱乐部——上海申花足球俱乐部、上海海港足球俱乐部、上海久事大鲨鱼篮球俱乐部均角逐于中国顶级职业联赛且成绩表现较好。济南的山东泰山足球俱乐部以及山东高速篮球俱乐部多年来在中超以及CBA赛场的表现较好,为职业体育影响力排名做出了较多贡献(图4-19)。

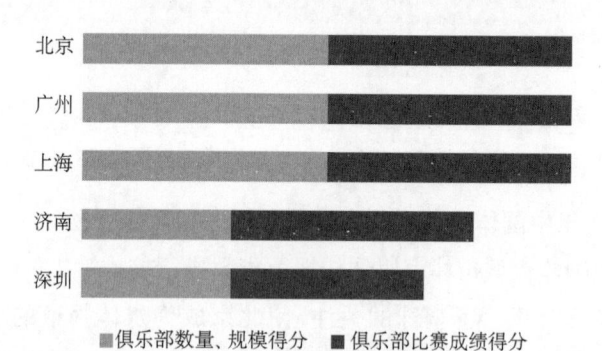

图 4-19　2022 年中国体育城市职业体育影响力指数排行榜

色块大小代表各评估指标的贡献大小

(二) 2023 年中国体育城市职业体育影响力指数排行榜

2023年中国体育城市职业体育影响力指数排行榜总体受该年度疫情影响较大,杭州由于俱乐部表现不错位列第1。上海和北京排名位列第2、第3。济南表现相对稳定,位列第4(图4-20)。

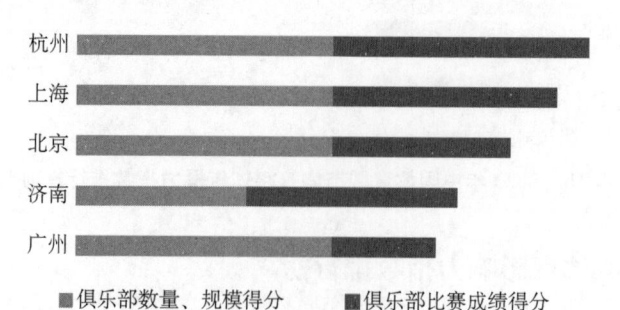

图 4-20　2023 年中国体育城市职业体育影响力指数排行榜

色块大小代表各评估指标的贡献大小

五、群众体育基础指数排行榜

(一) 2022 年中国体育城市群众体育基础指数排行榜

2022 年中国体育城市群众体育基础指数排行榜中,前 5 位分别为海口、三亚、青岛、南京及大连。百项赛事火热琼岛、多个国家训练基地落户加持、体育旅游花样百出,让海南的海口和三亚的群众体育基础较高。海口市的人均体育场地面积是 3.37 m²,体育人口为 50%。三亚市的人均体育场地面积是 3.98 m²,体育人口是 44.7%,两城市并列第 1。青岛全市人均体育场地面积 3.26 m²,体育人口占比达到 49.5%,体育惠民方面,开展"你健身我买单"体育惠民消费券发放活动,财政资金投入,叠加企业让利,让居民参与体育的热情高涨。南京和大连的人均场地面积分别为 3.93 m² 和 2.89 m²,体育人口占比分别为 41% 和 50.2%,位列第 4、第 5(图 4-21)。

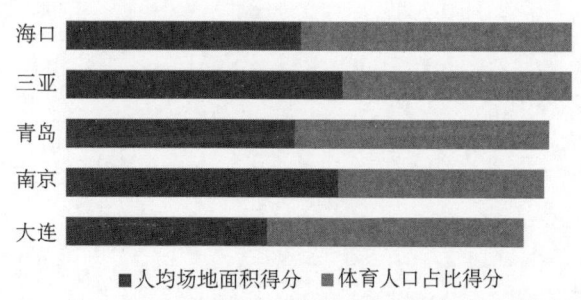

图 4-21　2022 年中国体育城市群众体育基础指数排行榜

色块大小代表各评估指标的贡献大小

(二) 2023 年中国体育城市群众体育基础指数排行榜

在 2023 年中国体育城市群众体育基础指数排行榜中,南京人均场地面积 3.93 m²,体育人口占比 43%,位列第 1。青岛人均场地面积 3.26 m²,体育人口占比 50%,位列第 2。苏州以 3.91 m² 的人均场地面积,41% 的体育人口位列第 3,三亚和海口紧随其后。总体来看,前 5 位的差距并不大,反映出了这些城市具备相对丰富的体育场地资源,人均场地面积较大,且有较高比例的居民积极参与体育活动(图 4-22)。

■ 人均场地面积得分　■ 体育人口占比得分

图 4-22　2023 年中国体育城市群众体育基础指数排行榜

色块大小代表各评估指标的贡献大小

第五章

全球体育城市实践与案例

西方是现代体育的发源地。从大的历史背景来看,西方社会从古希腊时代就形成崇拜英雄、崇尚力量的传统,诸如很多绘画和雕塑都在表现肌肉美和力量感。中世纪伊始,古希腊已经开始发展竞技体育,战车赛、站立摔跤、赛跑、标枪、铁饼等体育项目快速发展,人们热衷于在竞技场上展开角逐,甚至连国王都会亲临现场为运动员们呐喊助威。同时,西方国家也是最早实现工业化和城市化的地区。工业化使得生产节奏加快和生产效率提高,一方面带来了劳动力的解放,人们闲暇时光多了就需要通过体育运动来消磨时间;另一方面工业化大机械生产也带来了一系列"工业病"和"职业病",体育运动又恰恰成为应对这种"病源"的有力抗争,使得体育运动从高强度的专业竞技逐渐走进工厂、走向街头。城市化的推进则带来了庞大的体育人口基数,体育消费需求的增长又为体育市场和产业的发展带来契机,体育商品和服务也得以长期发展。于是,在文化、经济和社会需求的共同作用下,西方发达国家逐渐形成了"体育的城市化"和"城市的体育化"发展趋势。20世纪40年代,西方发达国家开始逐步进入后工业时代,在产业转型与经济结构重组的迫切需求下,有意无意之间,体育被其中一些西方城市用来作为城市再生战略的工具,并取得了实践的巨大成功,"体育城市"的称号呼之欲出。尤其是20世纪80年代以来,随着全球化的深度推进,城市间的竞争日益白热化,为了吸引更多的人口和投资,更多的西方城市开始致力于创建"体育城市",试图通过体育来树立城市形象和品牌,以达到城市营销的目的。

从大航海时代到工业革命,近现代发达国家几乎主宰着整个世界,现代政治、经济、文化、法律、教育、交通几乎无一不是其产物。这样的大背景下,发展中国家工业化、城市化的轨迹截然不同。发展中国家主要从事初级产品的加工制造,出口农产品、矿产品和原油等,国内基本消费品则发展进口替代工业。到

20世纪60年代,西方发达国家又通过主导关税与贸易总协定来推行世界贸易自由化,从而剥夺发展中国家廉价的劳动力,发展中国家开始进行出口导向型工业化,主要发展劳动密集型的加工制造业。20世纪80年代以来,随着经济全球化的推进和跨国公司的成长,先发工业化国家把失去比较优势的产业向后发国家转移,发展中国家施行第二次进口替代工业化和第二次出口导向型工业化,主要发展重化学工业并出口高附加值和技术密集型产品。在城市化领域,发展中国家城市化进程也是相对滞后的,国家城市基础设施严重不足、城市发展极不平衡、人口大量涌入等问题突出,至20世纪90年代,亚洲涌现了越来越多的大城市和特大城市,1995年人口超过千万的城市就达到9个,包括北京、上海、天津、东京、大阪、孟买、加尔各答、雅加达、首尔。随着工业化和城市化的快速发展,外向型的经济结构也促进了现代体育的传入与发展。

国外很多国家都把建设体育城市作为公共政策来推动和引导城市发展,并积累了诸多成功经验,本章通过分析全球体育城市在长期发展过程中形成的有效模式和机制,分析其特点,总结其经验教训,试图找到全球体育城市建设成功的基因和一般规律,为未来体育城市建设发展道路提供经验启示。

第一节　日本东京:"成熟都市"奥运形象的塑造与体育传播

一、日本东京体育城市发展情况概述

(一)全民体育运动活跃时期:东京体育城市建设的开端(20世纪60年代初期~70年代中后期)

20世纪50年代后的很长一段时间内,日本经济在国内外政局稳定的局势下,迎来了战后复兴的快速增长期,十年间日本GDP增长了4.1倍,1965年位列全球第5,1968仅次于美国位列全球第2,成为名副其实的经济大国[1]。东京作为日本经济政治中心自然也随之成为首都圈的核心城市,随着产业密集带来的人口迁移,以及近现代工业发展促使的生产技术机械化、自动化、规模化与

---

[1] 景俊杰.二十一世纪以来日本体育政策运行研究.上海:上海体育学院,2013.

高速化,东京人口快速增长,人们余暇时间增多的同时,也涌现出交通拥堵、污染严重、生活环境恶劣以及人们劳动过程中身体活动机会减少等问题[1]。如何改善城市环境、治理污染并合理利用闲暇时间以提高居民健康成为东京20世纪60~70年代城市生活新课题。

1964年东京奥运会的筹备和举办吹响了东京首轮体育城市建设的号角,被誉为东京开始体育城市建设的开端[2]。政策上,1961年日本颁布真正意义上的第一部体育法《日本体育振兴法》[3],1972年"关于体育振兴普及基本策略"的答复作为该法案的落实性政策,以及20世纪60年代末70年代初的"社区再造"政策等,日本通过这些政策的发布逐步建立起政策执行组织体系,整体上均体现了该时期政策对"社区体育"的聚焦[1],这一系列的政策行动极大地促进了体育设施的建设和国民体育活动的普及。

东京城区改造与体育设施建设也在这一时期得以完善,1958年日本政府通过了《首都圈整备计划》,利用1964年奥运会进行城市规划,政府花费近27亿美元(相当于1965年日本GDP的3.2%)用于城市更新计划,包括道路改造、城市扩建、基础设施、旅游住宿及废物污水处理的开发[4],最终发展形成"多核多圈层"的多中心城市结构。

东京充分利用城市公共空间,借助举办1964年奥运会契机,将体育设施融入城市规划,在公园、广场等场所设置各种步道、跑道、自行车道、不同运动项目的练习体验场地等体育设施,利用城市景观因地制宜地开发打造兼具体育锻炼功能的活动空间,大型会场、体育馆等场所既承担体育比赛,又承担会展、艺术展、音乐表演等功能,且周边普遍配备完善的交通系统和大型的商业中心,提供集体育、休闲、娱乐、文化于一体的体育场所,体现出体育场地的多目的和多功能性,如国立霞丘陆上竞技场和代代木国立综合体育馆等。

日本政府一直致力于借助奥运会契机,以政策导引缓解东京城市过于聚集

---

[1] 汤箬梅.以两届奥运会为契机的东京城市更新研究.体育与科学,2023,44(5):39-48.
[2] 张华,石磊,白莉莉.全球体育城市建设域外经验及启示:以东京为例.体育文化导刊,2023(7):24-31.
[3] 冯维胜,曹可强,许千里.日本体育振兴资助体系发展特征与启示.体育文化导刊,2020(4):12-17.
[4] THE ORGANIZING COMMITTEE FOR THE GAMES OF THE XVIII OLYMPIAD. The games of the XVIII Olympiad,Tokyo 1964(vol. 1). Tokyo:The Organizing committee for the Games of the XVIII Olympiad,1966.

而导致的各种社会发展问题,通过都市圈发展规划举措,提升区域经济活力,推进区域平衡,发展区域韧性,使城市建设实现了新的活力增长,通过体育、文化与艺术创造出城市新的魅力[1]。

(二)商业体育大繁荣时期:东京城市体育经济政治中心功能强化时代(20世纪70年中后期~80年代后期)

20世纪70~80年代时期,日本经济总体呈现稳定增长态势,人们收入的提高以及优厚的养老金与保险制度使得日本迎来了"消费社会",人均寿命的增加也标志着日本正式步入老龄化社会,在1979年洛杉矶奥运会实现盈利后,商业化体育在全球掀起浪潮。日本经过持续发展的积累,在体育设施建设、社会体育、学校体育等方面都迎来了最高峰时期,体育企业也迎来又一波快速发展。1980~1985年这5年期间设立民间营利设施共27 148处,增长了1.56倍;非营利设施16 741处,增长了2倍,学校体育设施数量和公共体育设施数量等均取得了可观的增长,体育设施的便利和丰富为社会体育开展提供了坚实的基础;社会体育方面,基层一线体育指导员配置在1986年达到了55 865人,社会体育的组织化率也达到较高水平,有俱乐部等所属组织的体育实施者占社会指导员总数的17%左右,强大的消费力以及对文化品质生活追求使得消费型社会商业体育空前兴盛,学校体育也从非竞技趣味型运动展开,1988年15岁以上成年人体育运动率达到了77%的历史高位,1984年公立学校体育设施开放率达到了80%[2]。

东京作为日本全国乃至世界的信息中心,其首都体育功能特点更加突出,其中主要表现在体育政府规划主导功能、体育商务/经济/管理功能、流通和运输功能、体育服务功能、体育教育和研究功能以及体育媒体功能方面。东京有专门的体育协会来负责大众体育的普及与储备人才的培养,主要内容包括支持服务东京的综合性社区体育俱乐部的良性发展以及通过举办体育节、训练课程、体育赛事、青少年体育俱乐部间的交流活动、奖励与资助等方式来推广、培养、鼓励老中青年的终身体育发展。东京具备42个具有法人性质的社区体育俱乐部,数量位居日本全国第一[3]。东京也是日本足球协会的总部,拥有国际相扑联合会、国际柔道联合会及国际合气道联合会等国际体育组织,日本

---

[1] 汤箬梅.以两届奥运会为契机的东京城市更新研究.体育与科学,2023,44(5):39-48.
[2] 景俊杰.二十一世纪以来日本体育政策运行研究.上海:上海体育学院,2013.
[3] 肖焕禹.《日本体育白皮书》解读.体育科研,2009,30(5):17-25.

最大的广告与传播集团电通集团及其子公司电通体育公司总部也在东京,坐落在东京的日本广播协会是日本公共广播电视机构,以及读卖新闻集团等日本权威媒体机构的加持,让东京乃至整个日本在向外传播体育文化方面表现强势。

东京体育的不断发展除了制度层面的保障外,发达的体育科研以及高校教育系统也为其输送了大量的体育人才,东京集中了全日本17%的高等院校[1]。早稻田大学、筑波大学、东京大学、日本体育大学等以体育为强项的传统院校培养出大批高水平运动员、体育教育训练人员、运动人体科学人员、体育管理专业人才、体育媒体传播从业人员等,并指导这些体育专业学生、体育科研人员、体育教师、优秀运动员等相关体育从业者通过专、兼职的形式以社会体育指导员为主体的方式进行社区指导和志愿服务,此外,东京还拥有占全国1/3的研究和文化机构且大部分均属于国家级别,如东京艺术委员会等。

这里发生的各种体育政治经济活动形成的体育信息流和来自全国全世界的体育信息流使东京成为全国体育信息交汇最为集中和迅速的地方。

(三)体育产业的"困"与"变"时期:东京职业体育形成与发展时代(20世纪90年代初～20世纪末)

日本整个20世纪90年代被称为"失去的10年",20世纪90年代初的金融紧缩政策导致日本经济泡沫破裂、股票暴跌、资产一落千丈,经济整体长期停滞不前,政府负债沉重,在公共领域的支出持续缩减。社会生活方面,人们对收入的预期、消费逐步回归理性,信息化时代的到来导致人们工作生活中的能力消耗,"文明病"进一步蔓延,人们对个性化体育文化生活追求和需求增加,老龄化社会带来了健康不安现象以及社会隔离感增强现象,这些社会背景导致日本商业体育衰落,同时对体育活动开展环境、社会体育行动率造成一定影响,也使得社会体育需求更加多样化[2]。1999年体育设施比1990年减少了42 000处,企业体育和商业体育也迅速衰落,然而在体育消费力下降和体育需求上升的综合背景下,这一时期的社会在体育方面整体上还是有一定的发展,成人体育参与率1991年达到了78%的历史高点,之后逐渐下降;成人每周一次的运动率在2000年达到37.2%,1999年社会体育设施指导员达到了94 405人,即平均每个体育设

---

[1] 王浩.跨国公司地区总部与东道国城市互动研究.上海:华东师范大学,2007.
[2] 景俊杰.二十一世纪以来日本体育政策运行研究.上海:上海体育学院,2013.

施配备的指导员超2人。在国际交流方面,日本政府采用人才派遣政策在国际体育组织中任职的日本人大幅增加,为日本体育国际传播、国际影响力的扩大以及掌握最前沿体育信息、把握国际体育动态发展等奠定了良好的基础[1]。

1990年9月的国际奥委会东京大会通过了允许职业运动员参与奥运会的决议,全球范围内的业余体育职业化大幕随之展开。竞技体育越来越广泛地与商业结合,有市场需求的体育项目逐步走向职业化道路。1993年,日本职业足球联赛(Japan Professional Football League)的成立开启了东京利用职业体育实现"体育城市振兴"时代,东京拥有东京足球俱乐部、东京绿荫足球俱乐部以及町田泽维亚足球俱乐部,也拥有著名的棒球职业球队如东京读卖巨人棒球队、东京养乐多燕子棒球队。但不可否认的是,这一时期受国民消费力的下降影响,社会商业体育发展缓慢甚至呈现下滑趋势,体育企业在这一时期迎来了解体高潮,1991~2008年日本共有328个运动队停止运营[1]。

二、21世纪日本东京体育城市建设之路及"成熟都市"奥运形象定位

进入21世纪,环境污染、资源枯竭、人口老龄化等问题成为全球共同性课题,也是东京大型国际都市城市化进程所面临的社会问题,"成熟都市"这一新型发展理念和路径被市川宏雄提出,"成熟都市"指的是在城市经济、居民消费水平较高的状态,市场趋于饱和,社会活力与经济增速减缓的背景下,使现有资源创造以智能的方式提供高质量、高层次的城市生活服务。"成熟都市"以可持续发展为核心诉求,实现路径分为3个部分:自然环境的可持续发展、个人的可持续发展、人际关系的可持续发展;以科技手段为重要保障。现如今,将东京打造成为"成熟都市"也已成为日本城市规划和发展的指导思想之一[2]。

日本及东京都市政府都寄希望于利用2020年东京奥运会(受新冠疫情影响,2020年东京奥运会延迟到2021年举行)来达到将东京打造为"成熟都市"的目标,缓解甚至解决城市发展与环境污染、人口老龄化之间的矛盾,2014年东京都颁布的《东京都面向2020年的相关措施》[3]指出了在东京这样的大都市举

---

[1] 景俊杰.二十一世纪以来日本体育政策运行研究.上海:上海体育学院,2013.
[2] 徐子齐."成熟都市"理论下奥运会与城市发展互动关系新探:以东京2020年奥运会为例.北京体育大学学报,2019,42(8):57-66.
[3] 魏然."成熟都市"视角下东京2020奥运遗产探析.体育学刊,2024,31(1):57-63.

办大型国际赛事也必将会产生成熟的赛事遗产,2020年东京奥运会除了实现在经济实力上的增长外,更能使人们的生活多姿多彩,并将"成熟社会"作为2020年东京奥运会的一大亮点[1]。

2020年东京奥运会主要工作思路和内容在自然环境可持续发展方面主要包括利用可再生能源减少碳排放,奥运会采购物品或商品的循环使用率高达99%,整个奥运会赛事运营过程中再利用或回收废弃物比例达65%,在赛场周边建设更多绿色空间区域促进人与自然和谐发展,如改善城市水循环系统、减少污水排放等。在个人与人际关系的可持续发展方面,东京奥林匹克运动组织委员会(简称"东京奥组委")将"多元和包容性"原则融入奥运会各个环节,通过各种方式传播多元理念、编制人权保护指南,与赛事各利益相关方通过各种合作方式建立互动平台,推出"东京2020全国参与计划",已吸引了1 845个团体注册、开展了大约93 000项不同主题活动,总参与人数超过6 000万人次[2]。

在科技助力方面,东京为了进一步强化"科技大国"形象,早在2016年里约奥运会期间,日本就在其主会场附件中设置了展示其高科技领域及传统文化的"日本屋"体验馆,东京还以2020年奥运会的奥运村为展厅,向世界展示其革新性产品科技,如机器人、电动汽车、4K/8K超清电视以获得更加真实的体验等,完善全市范围内的Wi-Fi无线上网基础以及4G、5G技术,增加城市电子显示等信息技术,增强网络技术安全,实现世界高水平的安心、安全的信息技术社会[3]。

2015年1月东京都市政府正式出台的《东京文化愿景》草案便将东京定位为"充满活力的、无与伦比的、成熟的文化城市",强化"艺术文化都市"的城市形象,明确了利用2020年东京奥运会的文化传播重大战略,草案强调了东京城市的内核特色之一便是传统与现代、东方与西方交融集成的城市且拥有丰富深厚的文化,其中包括集博物馆、音乐厅、艺术大学于一身的上野,以电器、游戏、动漫闻名的御宅购物天堂秋叶原,引领Kawaii潮流、代表时尚与前卫的原宿,保留着江户时代市井风情的神乐坂[4]。

---

[1] 魏然.2020年东京奥运会城市形象国际传播策略及启示.体育文化导刊,2017(3):30-34.
[2] 张莹,孙聪丽,张慕千.可持续发展理念在2020年东京奥运会的实践及对北京冬奥会的启示.北京体育大学学报,2020,43(5):98-107.
[3] 郭伟,梅林薰,曾根纯也.2020年东京奥运会对日本经济效益提升的背景与前瞻研究.北京体育大学学报,2020,43(4):40-50.
[4] 魏然.2020年东京奥运会城市形象国际传播策略及启示.体育文化导刊,2017(3):30-34.

2016年1月出台的 *Tokyo 2020 Action & Legacy Plan 2016* 中明确指出，要让东京再次引起全世界关注最重要的就是突出其文化传统、强大的经济和科技[1]。艺术文化、强大经济、先进科技成为2020年东京奥运会的突出标签，日本也在2016年里约奥运会闭幕式上创造了令人耳目一新、印象深刻的"东京8分钟"，其包含的动画、漫画、游戏、城市地标、奥运项目、AR技术等元素充分展现了东京魅力。

三、日本东京体育城市建设经验

（一）以体育设施和体育指导员人才培养为重点，自发形成的综合性社区体育组织激发活跃的体育氛围是东京成为体育城市的基础

东京联合体育振兴财团、企业法人、事业团体、社区居民、体育爱好者、学校等共同进行体育事业建设，建立了数量众多的综合性社区体育俱乐部，完成由政府主导到自主运营的转变，形成全社会支持的开放性综合体育社区[2]。针对青少年的竞技选拔除了校园体育课程外，综合性社区体育俱乐部还通过举办各种体育活动、不同竞技项目等以培养兴趣、竞赛促体、体质监测与比较等方式科学地培育、挖掘、选拔人才，并对选拔出来的青少年进行贯穿小学、中学、大学的有针对性的训练指导。针对成年人的竞技选拔、培养和训练则借助于大学、企业、俱乐部等平台来进行[3]。社会体育、学校体育、竞技体育的有机衔接满足了居民在不同年龄段、处于不同运动状况水平对体育的不同需求，重视个体发展，激发了人们参与体育的热情，也活跃了体育市场，引发大量企业投资参与，最终形成活跃的城市体育氛围。

（二）多功能性体育休闲娱乐空间与完善的体育设施网络是东京体育繁荣的保证

东京的体育设施建设和休闲空间的打造以举办大型体育赛事为契机，分为

---

[1] THE TOKYO ORGANISING COMMITTEE OF THE OLYMPIC AND PARALYMPIC GAMES. Tokyo 2020 action & legacy plan 2016: participating in the Tokyo 2020 games, connecting with tomorrow. （2016-7-1）[2020-1-10］. https://gtimg.tokyo2020.org/image/upload/production/kndtqwos6ucxo4mfkpey.pdf.

[2] 陈旭.日本综合型社区体育俱乐部的发展状况和运作模式研究.上海：上海体育学院,2015.

[3] 黄旌沛,郭家良.日本体育治理体系.北京：体育金融研究中心,2019.

新规划场地的建设和在已有空间基础上的改善,遵循城市体育设施建设与轨道交通建设、休闲娱乐打造、地理文化景观等方面的相互配合,以建设兼顾时间、空间以及居民体育实际需求体验的多维度融合为理念,既注重质的提升,又重视量的供给,开发多功能复合体兼具展现文化与符合建筑美学的大型体育场馆,也利用社区街道、公园、绿地、广场、道路、河流、湖滨等空间铺设健身步道、自行车道、水上运动设施等公共休闲设施,与周边环境有机共生,打造休闲舒适、富有活力的城市体育氛围。例如,东京新国立竞技场前身为举办1958年亚运会而建,其作为1964年、2020年奥运会主场馆,还被用作演唱会、田径、足球、橄榄球等多项活动赛事场地,周围交通发达,有都营大江户线和银座线两条地铁线,以及JR中央线总武线铁路。日本东京巨蛋体育场、东京国际论坛大厦等场馆附近都有配套的成熟商业艺术中心。2020年为东京奥运会规划新建的比赛场地兼具公园、休闲等功能,如射箭馆比赛场馆周围建设有梦幻岛公园、激流皮划艇赛场附近的都立葛西临海公园规划设计成专门为人们提供水上项目体验和娱乐的人工障碍赛道。

(三)高水平职业体育俱乐部的联动是东京打造体育城市核心品牌的关键

通过大众体育、学校体育、竞技体育的协同发展,日本东京形成了良好的群众基础,其在孕育出东京高水平的职业体育的同时也反哺了居民健康的生活,职业体育根植于社区体育是日本体育发展的一个理念。例如,职业足球俱乐部经常性地开展公益慰问、足球培训、校园访问、开放训练设施、观看运动员训练、教练员进行社区指导等活动,此外,日本的足球职业联赛每年会将大约185万元人民币的预算用作支援社区体育,对当地居民体育文娱活动的开展做出了积极的贡献[1]。东京的校园体育运动也为职业体育俱乐部源源不断地输送人才,早期的日本足球队便是由东京各类大学的足球队组成,如1917年远东运动会日本代表队由筑波大学的校队组成,到1930年则是从日本全国各类高校选拔组队,而其中绝大多数来自东京大学[2]。东京六大大学棒球联盟由东京六所高校所属球队构成,该联盟为日本大学棒球事业做出了贡献[3]。由此可见,级别联赛体系的完备及其与校园体育的无缝衔接,让东京的职业体育俱乐部已

---

[1] 陈文倩.日本职业足球地域化研究.体育文化导刊,2017(5):143-146.
[2] 丁辉.日本校园足球的发展演变及其历史经验.体育成人教育学刊,2017,33(2):70-73.
[3] TOKYO BIG6 BASEBALL LEAGUE．一般財団法人 東京六大学野球連盟.(2013-4-1)[2020-2-10].https://big6.gr.jp/big6/.

成为这座城市的核心品牌,在每个赛季都吸引大量球迷。

(四)以文化科技创新融合丰富赛事系统为源泉的体育营销是使东京体育城市不断发展的主要手段

城市文化创新来源于社区居民,东京具有深厚的文化传统,其引领着现代流行文化,加之漫画、动漫、游戏风靡全球,在世界范围内人们对东京的文化符号产生了认同性,自然而然地对东京"文化都市"的打造消除了排斥心理,提供了先决优势。东京充分利用大型体育赛事的国际平台定位城市形象,发动民间团体、政府、艺术工作者、学生等,使他们参与到东京独特文化的内容创作之中。东京利用传统媒体、社交媒体、动漫游戏等泛娱乐化工具以形式多样、潜移默化的方式将体育与文化、科技、艺术巧妙结合,从而开展软实力的形象工程建设。东京还抓住全球城市发展所面临老龄化、无缘化的通病问题引发共鸣,借助2020年东京奥运会契机提出"成熟都市"这一概念,塑造了城市与个人具备全面健康、富有活力和创造力的可持续发展愿景,为城市未来发展带来无限可能。

第二节 英国伦敦:传统工业城市的复兴转型之路

一、英国伦敦体育城市发展情况概述

伦敦作为当今世界上最有竞争力的金融、经济和科技中心之一,在体育经济建设和体育文化市场设计等领域都获得了令人瞩目的成绩,拥有丰富体育资源的伦敦同时也被堪称"国际体育文化之都"。伦敦与其他城市不同之处在于,其完整地经历了工业化进程的各个阶段,而其体育城市建设取得的丰厚成果是在工业化足够成熟所奠定的一定经济基础和特色文化、造成生活理念方式的改变,以及在后工业时期出现环境污染、城市低迷、经济衰退等问题后,主动寻求产业转型与经济再生的背景下完成的。

(一)各类体育赛事资源积累与价值挖掘激发城市活力

伦敦是举行了3次夏季奥运会的城市(1908年、1948年、2012年)。作为世界上最大、最具影响力的体育盛会,奥运会大大增加了伦敦体育城市的建设力

度。拥有多次大型体育赛事办赛经验的伦敦历史上还举办过足球世界杯、世界田径锦标赛等各类体育项目的世界级赛事，此外其自身还创造出世界知名且极具影响力赛事，如成立于1877年的温布尔登网球锦标赛便诞生于伦敦，目前已经是世界上历史最悠久的网球赛事，如今已经成为全球四大主要网球赛事之一，该比赛每年都为英国伦敦提供了大量的媒体曝光率。经计算，2016年温布尔登网球锦标赛的电视转播的总收看人次已经在世界大约200个国家和地方中达到了10亿人次，官网浏览量6 940余万人次，网站浏览量3.95亿人次，社交媒介收看人次达到了1 050万[1]。此外，据不完全统计，伦敦每年固定举办的国际大型赛事就有10余项，如F1英国大奖赛、伦敦马拉松赛、斯诺克大师赛、国际田联钻石联赛等，同时具有百年历史的剑桥牛津赛艇对决赛也每年如期举行，使得伦敦形成了以国际标志性赛事为核心、国内外大型赛事为主体、本土特色知名赛事为基础的架构，基本涵盖了各级各类体育项目的赛事体系，伦敦举办的知名体育赛事如表5-1所示。

表5-1 伦敦举办的部分重要体育赛事

赛事名称	举办年份/周期	赛事项目
男足世界杯	1966年	足球
欧洲足球锦标赛	1996年、2021年	足球
英足总杯决赛	1871年起至今每年1次	足球
奥运会	1908年、1948年、2012年	综合性运动会
英联邦运动会	1934年起	综合性运动会
全英羽毛球公开锦标赛	1899～1913年	羽毛球
汤姆斯杯世界男子羽毛球团体锦标赛	1982年	羽毛球
世界羽毛球锦标赛	2011年	羽毛球
男子现代五项世界锦标赛	1973年	现代五项
女子现代五项世界锦标赛	1981年	现代五项
现代五项世界锦标赛	2009年	现代五项

[1] THE AELTC. Facts and figures about the championships. (2016-10-10)[2017-12-24]. http://www.Wimbledon.com/en_GB/atoz/faq_and_facts_and_figures.html.

（续表）

赛事名称	举办年份/周期	赛事项目
温布尔登网球锦标赛	1877年起至今每年1次	网球
ATP世界巡回赛总决赛	2009~2018年每年1次	网球
女王俱乐部网球锦标赛	1890年起至今每年1次	网球
跳水世界杯	2012年	跳水
国际田联钻石联赛伦敦站	1953年至今（除2014年）每年1次	田径
世界田径锦标赛	2017年	田径
体操世界杯	1975年	体操
世界体操锦标赛	2009年	体操
斯诺克大师赛	1975年至今每年1次	斯诺克
世界技巧锦标赛	1982年	世界技巧
F1英国大奖赛	1987起至今每年1次	赛车
男子曲棍球世界杯	1986年	曲棍球
女子曲棍球世界杯	2018年	曲棍球
世界乒乓球锦标赛	1926年	乒乓球
世界皮划艇锦标赛	1948年	皮划艇
伦敦马拉松赛	1981年起至今每年1次	马拉松
世界举重锦标赛	1891年	举重
世界击剑锦标赛	1956年	击剑
世界花样滑冰锦标赛	1902年、1929年、1937年、1950年	花样滑冰
NFL国际系列赛	2007年至今每年举办1次	橄榄球
橄榄球世界杯	2015年	橄榄球
世界场地自行车锦标赛	1904年、2016年	场地自行车
板球世界杯	2019年	板球
剑桥牛津赛艇对抗赛	1829年起,1859年至今每年举办1次	赛艇

丰富的赛事资源为伦敦带来了巨大的经济效益,如2008年竞赛表演业就为伦敦创造出了2.6亿英镑的收入,其中门票收入为9080万英镑,广告收入为

2 400万英镑,同期收入占比最高的为顶级职业联赛版权收入(1.1亿英镑),占总收入的43.5%[1]。

2012年,英国体育最顶层的行政管理机构,即英国文化、媒体和体育部(UK Department for Culture,Media and Sport,DCMS)所发布的奥运遗产规划——《超越2012:伦敦2012奥运会遗产故事》(Beyond 2012: The London 2012 Legacy Story),就体育和健康生活、伦敦东区城市再生、经济增长、社区发展及残奥会遗产开发5个方面进行总结,从而明确了下一阶段遗产开发方向、目标和措施[2]。到2016年3月,伦敦成立了伦敦遗产发展公司(London Legacy Development Corporation),以促进伦敦东区城市建设,发布《十年计划(2015/16-2024/25)》(The Year Plan 2015/16-2024/25),从居民生活质量、就业环境、城市环境、创新环境、金融环境这五大方面提出了打造伦敦东区城市活力的策略[3]。这一系列的奥运遗产开发工作由奥运会遗产开发联合部(Olympic and Paralympic Legacy Unit)管理,受奥运会遗产内阁委员会(Olympic and Paralympic Legacy Cabinet Committee)监督[4]。充分运用大型体育赛事遗产,从规划到执行再到评估监督这样一系列的奥运遗产开发体系为伦敦城市发展注入活力,使得伦敦正在向申奥时提出的"为英国和世界创造非凡遗产"这一愿景阔步前行。

(二)城市体育空间的新建改造与更新促进城市复兴

城市更新是指针对城市中无法适应现代社会生活需要而进行的有计划的改建活动,通常包括对衰落区域的拆建、改造和环境治理等,通过城市更新,可达到提升城市效益、提高城市居民生活水平以及优化城市功能等目的。伦敦东区是位于英国伦敦东部的一个港口地区,从19世纪开始,工业革命使伦敦东区不断扩张,底层贫民和大量的移民寄居于此,犯罪、贫穷、阶级冲突、毒品等充斥

---

[1] SPORT ENGLAND. Economic value of sport in London 2003-2008. (2010-8-1)[2018-8-15]. https://www.sporteng-land.org/medi-a/3330/economic-value-of-sport_london_full full-report-1.pdf.

[2] DEPARTMENT FOR CULTURE, MEDIA AND SPORT. Beyond 2012: the London 2012 legacy story. (2012-4-24)[2018-8-15]. https://assets.publishing.service.gov.uk/media/5a7976aaed915d07d35b5b72/DCMS_Beyond_2012_Legacy_Story.pdf.

[3] LONDON LEGACY DEVELOPMENT CORPORATION BOARD. Inspired by 2012: the legacy from the London 2012 Olympic and Paralympic Games. (2013-7-12)[2018-8-15]. http://www.queeneliza-betholympicpark.co.uk/-/media/10-year-plan.ashx?la=en.

[4] 陈雯雯,徐开娟,黄海燕.伦敦体育产业发展经验及其对上海的启示.体育科研,2018,39(6):8.

在这片区域。第二次世界大战(简称"二战")后,该地区重建为以服装、印刷为主的轻工业区。20世纪50年代开始,制造业衰落,伦敦东区又回到脏、乱、差的状态。

1997年,安东尼·查尔斯·林顿·布莱尔当选首相后,希望改变英国老工业帝国的形象,提出了"新英国"构想,即将伦敦定位为"创意之城"作为其中之一,而伦敦东区成为首选地区之一,围绕着道路、管线等这些老旧的基础设施展开更新,并以创新方式进行新旧城市结合,虽然吸引创意企业入驻,服务于创新文化人群的酒吧、餐厅、咖啡厅等生活配套设施得以增长,但是无论是规模、影响力、还是带动力都始终无法与文化底蕴深厚、创意设计业聚集的伦敦西区、南岸文化区相提并论。这一阶段伦敦东区从形象到内涵完成了一次更新,但这也只是在减缓伦敦东区衰败的速度而谈不上复兴。

直到申办2012年奥运会,伦敦人努力探索体育与奥运在促进人类健康、社会和谐、环境保护等方面的积极作用,承诺将伦敦东区建设成为引领世界的文化中心,给区域带来发展、投资和重生。面对奥运会,伦敦东区成为一种伦敦精神。从2000年起,"体育场馆促进城市更新"(Stadium-led Regeneration)成为伦敦城市更新的工作重点之一,即通过城市体育场馆的建设、改造活动带动周边区域在物质环境层面、经济层面和社会层面的发展。而其中影响力最大,也是伦敦主办奥运会最大动因之一就是更新伦敦东区。

2012年,伦敦奥运会遗产计划曾提出到2030年要将伦敦建设成为一个零碳、零污染的城市,到2050年将其变为"零废城市"。因此,伦敦东区的改造在场馆建设方面,采用了大量可再生材料和易维护结构,而针对赛后利用率低的建筑或项目即采用租赁方式临时搭建方便后续拆除以及土地再利用,新建住宅的碳排放量坚持低于平均水平80%的原则。同时,奥组委对土地采用严格的"毒地清洗"和水体治理,最终使得整个东区成为伦敦最具价值的"城市绿肺"[1]。

2012~2022年,伦敦奥运会遗产对伦敦东区的城市改造产生了持久积极的影响,在2012年伦敦奥运会遗产开发的系列政策支持下,伦敦东区在零售和重大活动等领域获得了进一步的投资。其中包括Westfield公司向该地区投资17.5亿英镑,其在旗舰购物区创造了超过10 000个就业机会,伦敦体育场通过世

---

[1] 陈林华,罗玉婷,徐晋妍.伦敦打造全球体育城市经验及启示.体育文化导刊,2020(2):7.

界级的体育赛事带来了额外的收入。例如,2017年世界田径锦标赛带来1.07亿英镑的收入和美国职业棒球大联盟带来3700万英镑的收入。同时,伦敦东区也成为电竞、网络安全和创意产业的科技产业园区,根据牛津经济研究院的研究,仅在2021年,伦敦东区就创造了超过10 300个就业机会,保持了3.17亿英镑的工资收入水平,为英国GDP贡献了7亿英镑的总附加值[1]。2021全球科创城市排名中,伦敦仅次于硅谷排名第二,伦敦东区科技城功不可没[2]。

(三)发达的职业体育和系列居民参与状态营造社区体育活跃氛围

伦敦具有较为完善的职业体育俱乐部体制和职业足球联盟体制,2021～2022赛季,伦敦一共有17支职业足球俱乐部征战各级职业联赛,仅英超就有6家,包括切尔西、阿森纳、热刺、西汉姆联、水晶宫和布伦特福德,占英超全部20支球队的近1/3,目前也是世界上拥有足球职业体育俱乐部数量最多的城市。伦敦除了拥有众多足球职业俱乐部外,其还拥有伦敦爱尔兰人橄榄球俱乐部(London Irish Rugby Football Club)、黄蜂橄榄球俱乐部(Wasps Rugby Football Club)和伦敦雄狮篮球俱乐部(London Lions Basketball Club)。英超足球联赛每年转播地区和国家达212个,观看数能达到47亿人次[3]。而英国作为现代足球的发源地,足球文化已经深深浸入每个英国人的血液和基因中,伦敦人也不例外,作为全世界最古老的全国性足球比赛——英格兰足球总杯每年在此举办,其吸引600多支来自英国各地的队伍参加,另外再加上英超、英国足球各级别联盟的每季球赛以及世界杯、欧洲杯等各种大大小小的足球赛事,足球文化早已渗入伦敦城市社会生活的各个层面。在这种充满狂热的比赛氛围下,也出现一些不良足球迷借机发泄对生活的不满甚至上升到对其他地域或者国家的敌视,1985年布拉德福德惨案以及1989年的希尔斯堡惨案分别导致56人和96人死亡,最终使得英国蒙上了"足球流氓"这样令人诟病的形象阴影,英格兰足球总会通过取消足球场站立席而改为座位席,以及长期密切观察登记有案的"足球流氓",再加之女性球迷和中产阶级球迷数量的增加,为原本劳工

---

[1] LONDONKE. 伦敦奥运十周年!看英国人如何经营奥运遗产?(2022-8-5)[2023-1-10]. https://new.qq.com/rain/a/20220815A07W3P00.

[2] STARTUP GENOME. The global startup ecosystem report 2021. (2021-9-22)[2023-1-10]. https://about.crunchbase.com/blog/startup-genome-2021-global-startup-ecosystem-report/.

[3] SARAH EBNER. History and time are key to power of football, says premier league chief. (2013-7-2)[2017-12-24]. http://www.thetimes.com.uk/tto/public/ceo-summit/article3804923.ece.

阶层为球迷主力的足球文化新增活力，"足球流氓"的现象现如今也不再那么猖獗[1]。

伦敦乃至整个英国的足球俱乐部自诞生便与所在地社区有着天然的联系。在20世纪70年代的英国，地方政府未重整之前，城市是由各个自治市镇进行自治，而英国足球俱乐部就是在这样以社群为单位的地缘基础上发展起来的。足球俱乐部经常被视为社区的象征和代表，而社区成员通过支持自己所在社区的俱乐部以获得归属感和认同感，不同的俱乐部也代表着其所在地社区成员的形象与文化，而俱乐部球迷的组成很大一部分也是当地社区居民。例如，阿森纳足球俱乐部代表伊斯灵顿市镇区、托特纳姆热刺足球俱乐部代表哈林盖区、切尔西足球俱乐部则代表哈默史密斯市镇区。

为了促进社区成员和俱乐部共同承担起社区发展的责任，作为目前足球世界上顶级的职业联赛代表的英超开启了一项名为"英超社区行动"的计划，其中包含3个计划（社区支持类、学校支持类、装备基金支持类），13个分项目以及两大基金支持，并设立了三大目标与实施方案：一是通过资助足球运动设备支持基层足球运动发展，如为学校足球队提供足球服和先进的训练装备、人工草坪等，使得社区基层足球发展受益良多。二是鼓励人们参与运动，激发人们对体育的热情，英超相关的俱乐部开启了系列包括足球和其他运动在内的激励参与活动并提供资金的支持，而通常社区会邀请一些知名球星参加来提高活动的影响力，最终是为了鼓励人们走出家门参与运动，并使运动成为生活习惯。三是提供培训指导的支持，使得基层体育活动的开展更加科学规范。目前"英超社区行动"已取得了巨大成功，在解决英国社区问题，如少年犯罪、健康问题、种族融合和教育等方面发挥了重要作用。英超官方数据显示，仅英超足球激励项目在过去的十年里，就有15万青少年参与，参与该项目的青少年社会不良行为发生率降低了50%。而这些过程中的资金分配和监管由英超联盟严格把控，并制定了严格、透明务实的监管规定以保证项目和资金的落实[2]。

---

[1] 蔡明烨.英国体育精神"志在参加，不在得奖".(2010-4-16)[2023-1-10]. https://news.ifeng.com/world/201004/0416_16_1605429.shtm.

[2] 钛媒体.除了商业上的成功，英国足球的社区文化也值得我们学习.(2016-12-8)[2023-1-10]. https://www.tmtpost.com/2541888.html.

伦敦除了通过精英体育促进群众体育发展外，为了伦敦市民能够更容易找到自己喜欢的体育运动并长期坚持，还专门成立了专项基金。例如，"去运动"(Sportivate)项目专门针对14~25岁青少年进行免费或者优惠的运动培训，该项目至2014年已达到33 362人次参与；"卫星俱乐部"(Sattellit Clubs)项目将伦敦不活跃的基层体育俱乐部与社区和学校联结以专门满足青少年体育需求，最终成立了86家卫星俱乐部，并使246家俱乐部得以可持续发展，为4 540名伦敦人创造体育参与机会；"俱乐部工作"(CLUBWORKS)项目则专门针对这些基层俱乐部和组织提供专业的体育教育和指导以帮助其成长，从2015年至今已服务373家俱乐部并培训1 354名教练及志愿者。"女性体育参与"(This Girl Can)项目和"工作地挑战"(Workplace Challenge)项目则分别针对女性进行体育参与帮助[1]。

二、英国伦敦体育城市建设之路

根据伦敦体育文化规划发展所对应的时代背景与历史进程，将伦敦体育城市建设发展的历程划分为3个主要阶段。

第一阶段，20世纪80年初期，英国传统社会经济结构与生产方式出现了重大的改革转变[2]，类似于伦敦东区这样的主要工业区、港口区发展受限，城市空旷和贫瘠地区不断扩大，人口外流，城市出现空心化和贫困化现象，城市矛盾日益凸显。英国伦敦市政府在20世纪80年代末推出了"城市更新"战略[3]，并在1989年提出要打造世界级文化之都的目标[4]。在体育建设方面，其开启了基础设施与社区开发建设，致力于体育文化的多样多元发展，提出了体育"卓越、创新、参与"的发展目标[5]，并提出了要建设世界级"体育文化城市"的号召。

第二阶段，进入21世纪，知识经济及文化服务产业等第三产业的兴起创造

---

[1] 陈雯雯,徐开娟,黄海燕.伦敦体育产业发展经验及其对上海的启示.体育科研,2018,39(6):8.

[2] 人民教育出版社历史室.世界近代现代史.北京:人民教育出版社,2000.

[3] 杨震,于丹阳.英国城市设计:1980年代至今的概要式回顾.建筑师,2018(1):58-66.

[4] AJEN I. London cultural capital: realising the potential of a world-class city. London: Greater London Au-thority,2004.

[5] 黄卓,周美芳,章盈,等.伦敦体育文化中心城市建设"三步走"战略及启示.西安体育学院学报,2014(3):6.

了新型经济模式[1]，伦敦开始推行城市复兴运动，旨在尽力繁荣城市，以实现高质量的城市生活和更长期的经济动力，并吸引创新创意人才。2002年，伦敦推出了一个界定了城市运动与文化中心发展目标的奥林匹克倡议，明确了在伦敦奥运会发展中奥运会的积极作用，开始着眼于2012年奥运会遗传资源开发。

第三阶段，2008年的美国次贷经济危机导致了全球经济增速开始全面下降，以及社会所面对的人口、环境污染、生态和资源等问题也越来越严峻，面对经济、社会、生态可持续等问题的挑战，城市地位越发重要，城市成为应对挑战危机的主战场[2]。2012年，"可持续"成为伦敦城市发展的核心准则[3]，同时，伦敦市政府将文化视为对城市经济增长与城市发展具有重要独特作用的因素，将体育文化列为重点发展领域之一，提出了要建设"全球卓越的文化中心"的目标[4]，并持续实施"文化奥林匹克计划"，提出了建设世界体育之都的愿景[5]。

经过以上3个阶段的建设实践，伦敦已成为世界公认的全球体育城市[6]，城市体育内容丰富、系统完善，成为英国乃至全世界知名的足球之都，坐拥切尔西、阿森纳等知名足球俱乐部共13家[7]，拥有92家注册俱乐部和15座正规球场[8]，足球氛围浓厚。伦敦作为承办了3届奥运会的综合性城市，足球、网球、赛艇、拳击等赛事也相继得到了延续。从国际体育组织、地方运动机构和专业运营商到慈善机构、学校和附属俱乐部，数千个不同的体育机构合作，支持、领导和创新着伦敦体育。同时，政府多项政策的相继出台，激发出了最活跃的基层群众体育参与，体育消费市场活跃，人均体育消费由2003年的339.5英镑增长至2008年的358.1英镑，体育产业增加值由2000年的17.4亿英镑增长至

[1] 黄耀文.文化中国创意无限.北京：经济日报出版社，2010.
[2] 杨东峰，殷成志，龙瀛.从可持续发展理念到可持续城市建设：矛盾困境与范式转型.国际城市规划，2012，27(6)：30-37.
[3] 陈阳.21世纪伦敦可持续发展路径演变：基于四版《伦敦规划》的对比分析.建筑与文化，2017(2)：3.
[4] 石崧，黄普，卢柯，等.上海国际文化大都市发展规划战略探索.上海城市规划，2012(3)：27-32.
[5] ESPN.伦敦市长专访：要将伦敦变为世界体育之都.(2017-3-21)[2017-3-21].https://sports.qq.com/a/20170321/006249.htm.
[6] 刘东锋.论全球体育城市的内涵、特征与评价.体育学研究，2018，1(4)：8.
[7] 丁一，戴健.伦敦建设全球著名体育城市的指标维度分析与启示.上海体育学院学报，2019，43(1)：7.
[8] 陈林华，罗玉婷，徐晋妍.伦敦打造全球体育城市经验及启示.体育文化导刊，2020(2)：46-52.

2008年的25.9亿英镑,增长率高达48.9%[1]。而伦敦体育城市建设成果最终受惠于民,据《伦敦体育》(London Sport)2017年的调查显示,每周参与体育运动时长超过150分钟的积极生活者占64.6%,居民平均超重/肥胖率以及区域健康/残疾缺陷等级这两个数据都明显低于纽约、东京等大都市[2]。

三、英国伦敦体育城市建设经验

(一)观念上,注重体育文化价值开发保护对城市复兴的重要作用

伦敦人喜欢运动不仅仅是因为它源远流长的运动历史文化传统,更得益于现代的社会机构对运动文化的保护与开发。浓厚体育文化成为伦敦建设全球体育城市的内生动力源泉的原因在于伦敦始终注重将其得天独厚的文化基因融入体育中,同时也在体育元素中时刻体现城市文化,观念中也一直致力于传统文化与体育文化的相互融合、开发、保护和创新以实现城市独特魅力的展示并深刻影响到了该城市的面貌和发展复兴。"绅士文化"是伦敦甚至英国民族文化的外在表现,绅士风度起源于中世纪的上流社会,出身于贵族阶级的青年从小被训练为骑士,代表着勇敢、正义。成立于伦敦的英格兰足球总会的徽章"Three Lions"(三只狮子)就体现了足球对骑士精神的继承,即勇气、力量和自豪。此外,绅士之风深入体育最能展现"君子之争"体育精神的还数牛津剑桥划船赛,该项赛事自1829春天开赛以来,这场气氛友善又赛事激烈的划船比赛在1856年成为伦敦最古老的两个学府间的传统赛事,历经百年,该项赛事始终未因人为主观因素影响举办,不仅在两校之间达到了青年追求智力与体力均衡发展的教育目的,同时还促进了两所高校间的交流和友谊,化身成为伦敦居民甚至英国子民们引以为傲的文化遗产之一。正是伦敦市民对于伦敦体育文化的认同保障了伦敦城市体育事业发展的坚实精神基础和内生动力。

(二)原则上,坚持经济、社会效益相协调,进行城市体育基础设施更新

伦敦对城市的体育基础设施改造主要遵循了将经济目标与社会目标兼顾考虑的原则,所改造或新建的体育场馆既体现了社会功能,又凸显了经济功能。

---

[1] 陈雯雯,徐开娟,黄海燕.伦敦体育产业发展经验及其对上海的启示.体育科研,2018,39(6):8.
[2] 陈林华,罗玉婷,徐晋妍.伦敦打造全球体育城市经验及启示.体育文化导刊,2020(2):46-52.

例如,2015年,伦敦城市更新委员会发布的《体育场馆促进城市更新》报告中评估了所涉及的城市更新项目效用。以奥林匹克体育场的更新为例,在社会层面,场馆建设60%的工作机会供给当地社区,市政府在场馆周边新建1 000套住宅,俱乐部捐赠社区球场、提供免费的健康计划以增强社区福利;在物质环境层面,伦敦奥运体育场赛后将其改为西汉姆联足球俱乐部主场,举办过橄榄球世界杯、田径比赛和每年10场以上的演唱会,同时60亿英镑交通设施投资用于对奥林匹克公园区域进行基础改善,伦敦遗产发展委员会(London Legacy Development Corporation,LLDC)负责奥运园区及周边地区的全面更新工作,LLDC为该地区制定了16年的发展规划,内容涉及全方位基础设施、商业、社区、公共用地等内容;在经济方面,公共建设投资4.29亿英镑,改造投资1.54亿英镑,俱乐部年收入约2亿英镑[1]。1997年建造的O_2体育中心如今也已经成为"伦敦的明珠",其选址建造就位于伦敦一个被遗弃多年的煤气厂,而新建设的体育场对周边的市区复兴产生了重要作用,如今已成为集商场、餐厅、酒吧等于一体的体育和娱乐中心,类似的国际知名度较高且具有标志性的大型体育场馆还有温布尔登网球场、罗德板球场等数十个大型体育馆,伦敦一共拥有300余个场馆,每年举办超过22 000场音乐表演[2]。此外,伦敦还拥有覆盖足球、板球、网球、曲棍球、轮滑等各类体育项目的数十个大型户外公园,如中央公园(Central Park)等,以满足居民体育参与、户外休闲娱乐的需要[3]。

(三)机制上,调动多元参与打造高效体育服务供给体系

伦敦体育文化发展规划的实现最终是为了落脚到推动社区的发展,促进社区的公正和参与,因此伦敦建立了多元合作共享的实施机制,以达到多元化的体育服务供给[4]。伦敦市政府负责在产业促进、活力提升以及就业创造等方面起到引领主导作用,而由市场、社区、社会、个人等不同层面的组织或个人共同参与协作。伦敦城市体育文化发展的总设计组由1987年成立的"文化事业

---

[1] 界面新闻.世界名城体育观察:合理规划体育空间,推动城市健康发展.(2020-3-3)[2023-1-10]. https://www.jiemian.com/article/4056978.html.

[2] 上海城市创新经济研究中心.伦敦文化经济:如何塑造世界文化之都?(2020-7-20)[2023-1-10]. https://www.sohu.com/a/408658369_748530.

[3] 陈雯雯,徐开娟,黄海燕.伦敦体育产业发展经验及其对上海的启示.体育科研,2018,39(6):8.

[4] PRICEWATERHOUSECOOPERS LLP(PWC). London 2012 Olympic and paralympics imparts and legacy evaluation framework final report.(2012-1-10)[2023-1-10]. http://www.gaesmcnitor.org.uk/files/DCMS-Olympic.Evaluation-final-report.pdf.

发展指导委员会"担任,下设"体育文化事务工作组"。1995年伦敦设立了"休闲体育文化发展基金会"项目,旨在鼓励个人或组织为城市体育文化发展做出贡献并资助以获得更大的成就。2014年成立了"伦敦体育",专门从事伦敦城市体育发展服务与管理,从而形成了以"伦敦体育"为组织核心的大众服务体系。作为官方体育管理服务机构,"伦敦体育"与将近80多家的体育服务供给商建立长期良好的合作关系,共同打造体育资讯平台、企业赞助与资助平台,最终实现了多方参与的资源整合。例如,《政府与志愿组织和社区组织关系构架协议》《社区公司条例》《慈善用途法》等相关文件的颁布保障了伦敦非营利性体育组织的法律地位[1],将业余体育归属到了慈善范畴,并利用经济杠杆活跃了社会体育组织的积极性,如将国家彩票资金、政府财政资金和私人部分资助资金等资源合理分配到各类社会组织,使得大量慈善机构、社会组织、体育协会、社区俱乐部等非营利组织成为推动伦敦社会体育事业发展的主体力量。类似于商业性健身房、体育培训机构、体育赛事组织评估机构、体育资讯决策咨询机构等商业性体育组织则为伦敦市民差异化体育需求提供专业性服务[2]。

(四) 政策上,坚持发展规划与实施方案的统一延续性,形成保障协作网络

关于伦敦体育建设的政策保障可分为3份文件的出台:一是1989年颁布的《伦敦文化之都:挖掘世界级城市的文化潜力》,该份文件明确了伦敦"体育文化城市"的目标定位,重点对城市的基础设施建设、社区开发和城市更新产生了重要作用;二是2005年出台的《伦敦市文化发展草案(2006—2012)》提出了"体育文化中心城市"的战略目标,这一阶段的重点在于"文化提升"和"经济开发";三是2010年发布的《文化大都市——伦敦市长的文化战略:2012年及其以后》,建立了"全球卓越的文化中心"这一战略目标,再次重申了体育文化的重要性,并为体育文化资产和多样化发展提出了六条具体的发展目标。此外,2015年伦敦发布了"体育活力城市蓝图"(Bluprint for a Physcially Active city),肯定了体育对于伦敦城市建设与发展的重要作用地位,并从体育科技、资源共享、基层组织、志愿者计划及精英体育这5个方面提出了建设"体育活力城市"的长远目标,制定了"女性体育参与""残疾人运动计划""卫星俱乐部""基层俱乐部""学

---

[1] 汤晓波.当代英国体育发展模式的转变:基于政府与民间组织合作的视角.体育学刊,2013,20(3):6.

[2] 丁一,戴健.伦敦建设全球著名体育城市的指标维度分析与启示.上海体育学院学报,2019,43(1):7.

校创新基金""LDNMovesMe"等系列项目,最终实现100万伦敦人动起来的目标[1]。通过对伦敦体育相关规划政策的系列整理发现其政策的持续性、稳定性及落实情况的可操作性和效果的显著性,使得伦敦形成了"坚持体育文化各项工作同步发展""加强体育文化人才的培训""加强体育文化基础设施建设与管理"这样3个方面的建设工作路径[2]。由此可以看出,政策上坚持发展规划与实施方案的统一延续性形成保障协作网络并保持良性运作与及时调整,也是伦敦全球著名体育城市建设的重要经验之一[3]。

第三节 美国纽约:发达的职业体育造就城市体育强大辐射力

一、美国纽约体育城市发展情况概述

美国作为世界第一体育强国,其体育氛围浓厚,体育市场发达,体育产业占比达到了美国GDP的3%,结合美国GDP总量全球第一的数值,约合6 000亿美元。纽约是美国的第一大城市,也是世界经济、金融、文化和媒体中心城市,经过200多年的发展,体育已经融入这座城市的每个角落,成为其独特风格的重要组成部分,多民族的大熔炉和平稳的历史环境使得其成为美国最具特色的体育城市[4]。

(一)各类顶级赛事的举办地

纵观纽约的历史,尽管纽约在历史上没有举办过奥运会这样的综合性赛事,但纽约一直是球迷、体育迷心中的体育胜地。纽约每年都会举办规模不同的、项目多样的各种体育赛事,运动项目涵盖范围广,城市体育氛围浓厚。美国网球公开赛是网球四大满贯之一,也是每年盛夏之时全球网坛的盛宴,吸引着

---

[1] 体育产业发展研究院.体育产业动态|伦敦建设体育活力城市蓝图.(2018-3-9)[2019-6-22]. http://www.sohu.com/a/225233719_505619.

[2] 李明超.文化规划的发展成效、模式分析与经验启示:以英国为例.城市发展研究,2015,22(11):25-30.

[3] 陈林华,罗玉婷,徐晋妍.伦敦打造全球体育城市经验及启示.体育文化导刊,2020(2):46-52.

[4] 丁一,戴健.核心评价指标体系框架下纽约体育发展现状研究及其对上海的启示.西安体育学院学报,2019,36(4):385-392,447.

全世界大量网球爱好者的目光,美国网球公开赛在2022年又创造出新的纪录——总奖金达到了6 010万美元,是大满贯赛事球员总奖金首次超过6 000万美元,超过了2021年美国网球公开赛的5 750万美元,创下了历史新高[1]。而创办于1970年的纽约马拉松赛更是世界上参与人数最多的马拉松赛,有超过5万人在2016年参与此次赛事。另外,纽约还有世界上著名的室内田径运动会——米尔罗斯田径运动会,这个赛事是由一家百货公司发起的职工运动会,现历史已超过百年。纽约也成就了历史上许多著名的拳击赛事,如在20世纪70年代轰动全球的拳王阿里与弗雷泽的"世纪之战",便发生在纽约市中心的麦迪逊广场花园球馆。除上述的这些赛事之外,纽约还举办国际田联钻石联赛、美国职业高尔夫巡回赛(简称"美巡赛")等。为此,本文列出了如表5-2所示的纽约知名体育赛事,代表着纽约体育赛事的举办历史。

表5-2 纽约知名体育赛事活动表

序号	赛事名称	举办年份/周期	比赛项目
1	美国网球公开赛	1915年起每年1次	网球
2	WTA巡回赛	1977年	网球
3	纽约马拉松赛	1970年起每年1次	马拉松
4	国际田联钻石联赛	每年1次	田径
5	美国职业高尔夫巡回赛	每年1次	高尔夫
6	高尔夫PGA锦标赛(高尔夫四大满贯)	1997年、2003年	高尔夫
7	高尔夫美国公开赛(高尔夫四大满贯)	1896年、1902年、1923年、1929年、1932年、1959年、1974年、1984年、1986年、1995年、2002年	高尔夫
8	女子世界柔道锦标赛	1980年	柔道
9	世界跆拳道锦标赛	1993年	跆拳道
10	美国职业棒球大联盟全明星赛	1934年、1939年、1949年、1964年、1977年、2008年、2013年	棒球

[1] DAN LEVINSOHN. 2022 US open to award record prize money of more than $60 million US Open.(2022-8-18)[2023-1-10]. https://www.usopen.org/en_US/news/articles/2022-08-18/2022_us_open_to_award_record_prize_money_of_more_than_60_million.html.

(续表)

序号	赛事名称	举办年份/周期	比赛项目
11	美国职业篮球联盟全明星赛	1954年、1955年、1968年、1998年、2015年	篮球

由表5-2可见,纽约在其体育发展的过程中,专业和高端是其赛事的代名词。网球、高尔夫及马术都处处流露着上层社会的印记。其中最早的高尔夫美国公开赛更是高尔夫四大满贯之一,从19世纪便开始在纽约举行,百年的办赛经验更是彰显了纽约赛事的深厚底蕴。

除上述这些专业的体育赛事之外,纽约的业余体育赛事也是丰富多彩,这也在一定程度上反映了纽约与美国大众体育文化中注重竞赛的特征,各类社会体育组织和机构在政府力量和社会机构的支持下均积极参与业余体育赛事活动,各类的单项协会起到了承上启下的作用,对上可以承接政府和社会的资金力量并进行专业操作,对下可以稳妥地组织群众参赛,同级别中更可以借助专业的媒体和赞助对赛事进行包装,从而最大程度地挖掘业余赛事的价值并扩大受众面。例如,提出每年举办纽约马拉松赛的单项协会就是纽约路跑协会,该协会所属性质是非营利性的,除了每年的重头戏之外,它还会组织纽约市内的各类路跑赛事活动,如一些越野跑、铁人三项跑、半程马拉松等。根据相关的统计,纽约路跑协会在2017年共举办了91场路跑赛事活动,每个季度的场数高达20多场,基本上每4天就会举办一场比赛[1]。

经过近百年的发展,区域性乃至于全国性的业余体育竞赛体系已经在纽约发展得相当成熟,并成为全国赛事体系的一部分。以棒球为例,在美国全境范围内有超过10个全国性的业余棒球组织,并都有较为完整的全国竞赛体系,从青少年到中老年均是其忠实粉丝,而纽约一直是赛事举办的热门选址城市。此外,纽约的业余体育赛事的重要组成部分则包括了当地一些高中和大学的体育竞赛活动。例如,每年著名的NCAA各级锦标赛,而众多地方性的校际体育赛事也是纽约的特色,纽约高校棒球联盟成立于1978年,目前总共有11支高校棒球队参赛,每支队每赛季共进行42场比赛,棒球联盟比赛作为高级别的赛事平台培养了高水平的后备人才,为学生运动员奠定了职业棒球之路,许多学生

---

[1] NYRR. NYRR 2017 yearly event calendar. (2017-12-29)[2018-1-20]. https://www.nyrr.org/races-and-events/2017.

运动员在之后前往美国职业棒球联盟发展。

(二)四大联盟的总部驻地百花齐放的职业体育

职业体育是助力纽约成为世界体育之城的重要推手,其中最具影响力的四大联盟(NBA/NHL/NFL/MLB)(NHL即美国国家冰球联盟,NFL即美国橄榄球职业联盟;MLB即美国职业棒球大联盟)的总部均在纽约,此外,颇具影响力的美国职业足球大联盟(MLS)、职业棒球小联盟和美国女子足球职业联赛等的总部均在纽约。在《福布斯》公布的2019年世界50家最具价值职业体育俱乐部中,纽约的球队在前10位中占据3个名额,美国橄榄球职业联盟成为最具统治力的联盟。

目前,纽约共拥有9家四大职业体育联盟俱乐部,是全美国唯一在四大职业体育联盟中至少各有2家俱乐部的城市。不但如此,纽约还拥有全世界最大的体育市场,尽管纽约尼克斯篮球队战绩不是很出色,在近10年内进入季后赛的次数寥寥无几,但其超高的人气还是促成了其成为整个NBA中最值钱的球队。同理是布鲁克林篮网队,之前由于其在新泽西州,人气和球队价值远不如在纽约,于是在2012~2013赛季正式迁往纽约布鲁克林区的巴克莱中心,大牌球星看中纽约的市场和价值纷纷来投,近10年时间,已经有多位处于当打之年的NBA球星在纽约留下痕迹,包括之前集流量和战绩于一身的三巨头组合——凯文·杜兰特、凯里·欧文、詹姆斯·哈登,虽然布鲁克林篮网队的战绩未达到球迷心中的期望,但是其巅峰时期的得分能力也是让众多球迷大饱眼福。本文整理出了纽约所拥有的知名体育俱乐部,如表5-3所示。

表5-3 纽约知名体育俱乐部一览表

序号	体育俱乐部	项目	最高荣誉及取得荣誉的赛事名称	2020~2021赛季排行
1	纽约洋基棒球队	棒球	世界大赛	3
2	纽约大都会队	棒球	世界大赛	5
3	纽约城足球俱乐部	足球	美国职业足球大联盟杯	2
4	纽约红牛足球俱乐部	足球	美国职业足球大联盟杯	4
5	纽约尼克斯篮球队	篮球	美国职业篮球联赛	11
6	布鲁克林篮网队	篮球	美国职业篮球联赛	7

(续表)

序号	体育俱乐部	项目	最高荣誉及取得荣誉的赛事名称	2020~2021赛季排行
7	纽约自由人女子篮球队	篮球	美国职业女子篮球联赛	3
8	纽约游骑兵冰球队	冰球	美国职业冰球联赛	8
9	纽约岛人冰球队	冰球	美国职业冰球联赛	11
10	纽约喷气机队	橄榄球	美国橄榄球职业联赛	6
11	纽约巨人橄榄球队	橄榄球	美国橄榄球职业联赛	4

高水平的体育赛事俱乐部给纽约带来了巨大的影响力，据统计，11家美国顶级职业俱乐部在纽约主场举办的比赛超过了455场，每天都会有超过1场比赛，其中还不包括各种非职业联赛、学校比赛等。

商业体育俱乐部不仅仅是从事一项娱乐活动，带来赛事盛宴，其更是一个具有巨大商业价值的产业，《福布斯》全球前50家最具价值球队的排名将体育与商业、品牌塑造和社会影响力紧密结合在一起，反映这些球队在世界范围内的知名度、影响力和粉丝热情及财务实力等，纽约所拥有的球队上榜情况如表5-4所示，其上榜数量就高达6个。由于纽约给各类俱乐部带来了巨大的市场和人气，同时俱乐部反哺纽约，繁荣了纽约的体育竞技表演市场，使得每一家俱乐部都成为纽约形象的宣传大使，四大联盟中全球化程度最高的NBA，其转播范围遍布全球215个国家，拥有超过10亿球迷，为俱乐部所在的城市提供了大量的曝光度。

表5-4 《福布斯》全球50家最有价值球队排名中纽约拥有球队上榜情况一览表[1]

《福布斯》排名	上榜年份	球队名称	价值(单元:美元)	所属联盟	项目
2	2023	纽约洋基	71亿	MLB	棒球
6	2023	纽约巨人	68亿	NFL	橄榄球
9	2023	纽约尼克斯	61亿	NBA	篮球
9	2023	纽约喷气机	61亿	NFL	橄榄球

[1] MIKE OZANIAN. The world's most valuable sports teams. (2023-9-8)[2023-10-17] https://www.forbes.com.

(续表)

《福布斯》排名	上榜年份	球队名称	价值(单元:美元)	所属联盟	项目
48	2022	布鲁克林篮网	32亿	NBA	篮球
48	2021	纽约大都会	24.5亿	MLB	棒球

可以说,纽约对于各式各样的体育迷来说就是天堂。纽约给各类俱乐部及比赛带来了巨大的市场和人气,同时数量多、质量高的比赛给纽约带来了极大的影响力,这也提升了城市形象,促进城市影响力的传播。

(三)体育健身浪潮席卷全民

纽约的体育发展具有广泛的群众基础,纽约的青少年几乎每天都会进行体育运动,篮球、橄榄球、棒球等美国传统体育项目是纽约市民在业余时间的主要选择,而部分收入较高的市民则选择了高尔夫、网球等,市民有渠道进行各类体育活动,这使纽约市民形成了强烈的健身意识。

据相关部门统计,2014年纽约成年人中达到推荐体育锻炼标准(每周至少5次、每次至少30分钟)的人数占比达到了69%,高于所在州47.3%的平均水平[1]。此外,全美国共有6个州要求学校所有年级都开展体育活动,纽约便是其中之一,有超过1/4的青少年每天至少进行1小时的体育活动[2]。同时,户外运动也深受纽约市民的喜爱,据美国户外运动基金会发布的数据显示,在2015年,纽约市民至少参加过1次户外运动的比例接近50%,占全美国总人数的13%[3]。而在纽约的城市出行方式中,步行和自行车出行占到总出行方式的21%,这个数值是远远高于全美平均值8%[4]。

(四)较为完善的体育基础设施遍布全市

纽约的体育场馆的建设水平是世界闻名的,橄榄球、棒球、篮球等美国传统体育强项的场馆建设也比较完善,如纽约的大都会球场拥有82 500人的容纳

---

[1] 丁一,戴健.核心评价指标体系框架下纽约体育发展现状研究及其对上海的启示.西安体育学院学报,2019,36(4):385-392,447.
[2] CENTERS FOR DISEASE CONTROL AND PREVENTION. New York state nutrition, physical activity, and obesity profile.(2017-6-26)[2018-1-20]. https://www.cdc.gov/nccdphp/dnpao/state-local-programs/profiles/new-york.html.
[3] THE OUTDOOR FOUNDATION. Outdoor participation report 2016.(2017-1-30)[2018-1-20]. https://www.outdoorfoundation.org.
[4] USA DEPARTMENT OF TRANSPORTATION. 2001 national house-hold travel survey.(2004-12-1)[2018-1-20]. https://nhts.ornl.gov/2001/pub/STT.pdf.

量,还有著名的洋基体育场、麦迪逊广场花园球馆(是 NBA、NHL 的主场馆),为高水平赛事的举办提供了场地支持。此外,纽约公共体育活动场地设施充足(表5-5)。据统计,纽约市内由政府部门公园与休闲部负责统一管理的城市公园和公共休闲娱乐总面积超过120平方千米,占纽约城市总面积的14%[1],为公共体育服务提供了条件。有统计数据表明,目前世界上最昂贵的10座体育场中有5座在纽约市区内。这些大型体育场馆为举办高水平体育竞赛活动提供了良好的平台,进而成为向世界展示纽约体育乃至纽约城市形象的绝佳舞台。

表5-5 纽约知名体育场馆[2]

序号	场馆名称	始建年份	容纳观众数(人)	相关造价(亿美元)
1	纽约麦迪逊广场花园球馆	1968*	20 000	11
2	纽约德保信中心	2007	16 000	3.75
3	纽约洋基体育场	2009	50 000	23
4	纽约花旗银行体育场	2009	45 000	9
5	纽约大都会球场	2010	82 500	16
6	纽约红牛竞技场	2010	25 000	2
7	布鲁克林巴克莱中心	2012**	20 000	10

* 为麦迪逊广场花园球馆现址开馆时间。
** 为巴克莱中心正式对外开放时间。

(五)丰富的媒体资源使城市体育营销更高效

纽约市被视为世界媒体之都,重要的媒体机构都在纽约成立总部或设有办事处,这意味着它影响着全球媒体趋势,巨大的媒体市场造就了其在传统媒体和新兴媒体上的巨大优势。在传统媒体上,《纽约时报》《华尔街日报》都是世界级的传播巨头,分别占据了日报发行量的前两位,在各类细分领域的业务能力都非常强,《纽约时报》是文化精英报纸,主要涉及政治、经济、国际问题和社会问题。而《华尔街日报》的主打卖点则是财经类新闻,也是美国精英意识、上层阶级的典型代表。而在新兴媒体方面,娱乐与体育节目电视网

---

[1] 《人民日报社论全集》编写组.人民日报社论全集.北京:人民日报出版社,2013.
[2] 丁一,戴健.核心评价指标体系框架下纽约体育发展现状研究及其对上海的启示.西安体育学院学报,2019,36(4):385-392,447.

(Entertainment and Sports Programming Network,ESPN)、福克斯(FOX)、美国广播公司(American Broadcasting Company,ABC)等都是以纽约作为大本营,在 YouTube、奈飞(Netflix)、漫威娱乐有限责任公司(Marvel Entertainment LLC)等媒体中,各式各样的节目都有大量采景于纽约的镜头,这为纽约的城市宣传做出了大量的贡献。在体育媒体领域,ESPN 和 FOX 是全球知名的体育传播巨头,其通过转播纽约的各类赛事,增强了这些赛事的国际影响力的同时,纽约作为体育城市的影响力也在全球范围内得到了认可,其丰富的体育资源和活跃的体育社区为城市的品牌价值和吸引力提供有力支撑。

此外,德勒(Deloitte)报告显示,除了赛事内容本身和观看设备质量以外,比赛社交性也越来越成为影响体育体验的关键因素,特别是拥有年轻体育粉丝,在美国,2000 年出生的人中有 58%的人在观看体育时使用社交媒体获取他们最喜欢的球员和球队的最新信息[1]。随着社交媒体的兴起,体育内容与更广泛的粉丝社区进行互动,为体育城市通过线上渠道提升影响力带来了机遇与挑战。

纽约在网络社区互动中早已形成强有力的数字化战略,BCW 运用社交媒体分析工具 Sysomos,对数字环境中的体育与城市间的关联进行分析,即计算 Twitter、Instagram、Facebook、博客、网站等社交媒体和网络中被用户提及的城市名称与相关的体育关联总数。2020 年纽约在线提及总数为 234.3 万次,远远领先于 139.3 万次的伦敦和 133.0 万次的洛杉矶[2]。

二、美国纽约全球体育城市建设经验

(一)大型体育赛事与各级各类赛事体系体现了纽约高端、知名、专业、卓越的城市品牌形象

纽约充分利用举办美国网球公开赛、马拉松、四大联赛常规赛/季后赛等各级各类赛事展示其体育城市形象,通过精彩的赛事内容、高效的管理工作、高水平的接待服务乃至将城市景观融入赛事等各种途径,不仅在世界范围内收获大

---

[1] DELOITTE. The future of sports broadcasting: enhancing digital fan engagement. (2019-12-13)[2023-1-10]. https://www2.deloitte.com/content/dam/Deloitte/us/Documents/technology-media-telecommunications/us-enhancing-digital-fan-engagement.pdf.

[2] BURSON COHN & WOLFE. 2020 Ranking of Sports cities. (2020-2-20)[2023-1-10]. https://www.bcw-global.com/assets/2020_BCW_Ranking_of_Sports_Cities.pdf.

批观众与粉丝,更加自然而有效地向世界展示了其高端、知名、专业、卓越的城市品牌形象。

(二)高水平职业体育俱乐部与四大联盟的加持体现了纽约霸主地位的商业价值与城市精神谱系

高水平职业体育俱乐部通过特许经营、门票等收入创造出一个个极具商业价值的经济实体,带动城市旅游收入,将当地文化与俱乐部文化充分融合并通过系列赛事达到无形的传播效果,使得每一个俱乐部都成为纽约城市的独特标志。例如,其中最出名的莫过于风靡世界大街小巷印有 NY(New York Yankees)大标志的帽子,代表着潮流时尚的服饰,便是出自纽约洋基棒球队。这支位于纽约布朗克斯区的职业棒球队,于 1901 年建立,是美国联盟八支创始球队之一,同时也一直是美国职业棒球大联盟(major league of baseball, MLB)最多观众的球队之一(包括球队年度总观众人数、主场平均观众人数、整年平均观众人数)。身为世界上最成功的运动俱乐部之一,纽约洋基棒球队赢得过 20 次分区冠军和 40 次联盟冠军,以及 27 次世界大赛冠军,皆创大联盟纪录。洋基棒球队在 1999 年获得世界大赛冠军后,超越 NHL 蒙特利尔加拿大人队(Montreal Canadians)的所获得的 24 次斯坦利杯(Stanley Cup)冠军,成为北美职业运动里面拿下最多冠军的队伍,其影响力使得即使一个从不关注体育的人也都了解纽约洋基棒球队。

(三)浓厚的体育氛围,注重体育设施及产品的开发并挖掘纽约城市活力

体育基础设施是进行体育运动不可或缺的必要条件,纽约遍布全市的体育场馆也充分融入大街小巷中,一流的体育场馆更是给了纽约体育强有力的硬件支持,麦迪逊广场花园球馆、巴克莱中心球馆等都是世界级的体育胜地,各大俱乐部也纷纷选择知名的体育场馆作为自己的主场。而纽约城市公共部门对体育的管理则体现在各类齐备的基础设施保障方面,这也为满足体育赛事活动、市民体育运动等需求提供了强有力的保障,而学校体育对青少年运动量的要求也使得大量纽约居民养成了终身参加体育锻炼的素养,使得纽约成为充满活力的体育之都。

(四)媒体传播力联结并强化体育城市形象,高度发达的社交媒体打开了城市体育媒体传播力新渠道

体育与城市间的互动如不依靠媒体技术与全球的转播报道,那么就会仅仅局限于本地体育场馆的物理空间。媒体技术尤其是全球卫星电视的发展,从根本上改变了体育生产与消费的方式,体育与现代传媒的结合直接推动了体育商业化与职业化的发展,体育的经济价值与产业功能日益凸显,包括各类国际大型赛事、城市中所拥有的高水平职业球队联赛、独具特色的体育场馆地标建筑以及国际体育组织总部、国际知名体育企业的加持,使得体育与城市高度融合,将各类赛事联结城市形象成为全球有影响力的、超大规模的人类聚会与文化狂欢的节庆活动,通过社交媒体、转播技术、官方媒体等传播到世界各地,为体育城市通过线上渠道提升影响力带来了挑战和机遇。

在数字化时代,通过社交媒体这类深入联结和绑定的传播,进行球迷忠诚度的维护,一方面可以提升城市在体育方面的知名度和影响力,另一方面拓展更为丰富的营利模式,从而进一步丰富体育城市的内涵和外延。

第四节 国外其他城市建设体育城市的实践

一、澳大利亚墨尔本建设体育城市实践经验

墨尔本是澳大利亚的体育文化之都,也是澳大利亚人口第二多的城市。在"2016年度世界顶级体育城市奖"的评选中,墨尔本一举击败伦敦、东京、纽约等老牌体育城市,荣膺"十年间世界体育城"等称号,其在全球范围内有着丰富的体育城市建设经验和独特的借鉴意义。

20世纪70年代,墨尔本面临经济去工业化、城市衰退等危机,为了促进城市发展,墨尔本在1984年颁布的 *Victoria: The Next Step* 中描述了体育是开发墨尔本的重要"引擎",从此体育便作为墨尔本经济发展的专用工具。墨尔本体育城市创建应运起源,这种起源并非先天性主动形成,而是通过一些主动培养的路径来构建一个较为完备的城市复兴体系。这个城市复兴体系主要包含着4个维度,即体育赛事、体育设施、群众体育、体育产业[1]。

---

[1] 蔡嘉欣,徐开娟,黄海燕.墨尔本全球体育城市建设经验及其对上海的启示[J].体育科研,2018,39(6):41-47.

(一) 体育赛事与赛事经济遗产

历史上，墨尔本举办过1956年的奥运会、1998年和2011年的总统杯高尔夫球赛以及2006年的英联邦运动会，如今墨尔本已经形成"全年无休"的赛事格局，其中既有澳大利亚网球公开赛、世界摩托车大奖赛等具有国际影响力的体育赛事，又有墨尔本杯嘉年华、澳式足球职业联赛等被当地居民所喜爱的传统体育赛事，涉及体育运动项目十分广泛，还有墨尔本自行车赛等。丰富的体育赛事活动形成了墨尔本市民对城市文化的认同和自我认同，体育已经成为人们生活中必不可少的内容，实现了体育生活化，体育与城市文明之间已经形成了良性互动。

值得一提的是，体育赛事的事前报告和事后经济影响评价，州市政府都会在既定时间内完成。根据维多利亚州旅游局2015～2016年度报告，墨尔本旅游业在创造126 800个就业机会的同时，旅游业总价值达到153亿美元，而体育活动带来的直接就业占比达到3.4%[1]。2016～2017年，因为大型体育赛事而前往维多利亚州的国际游客达到了280万人，消费金额达75亿美元；而澳大利亚国内过夜游客高达2 320万人次，消费总金额高达177亿美元；媒体相关报道创造的国际价值高达5 300万美元，澳大利亚国内价值达到2 270万美元[2]。

以墨尔本杯嘉年华为例，2016年墨尔本杯嘉年华共有4天的比赛，共吸引了30万以上的观众，总共为该州创造了4.271亿美元的经济效益。墨尔本杯嘉年华将运动、美食、时尚、商业、娱乐等元素完美融合，不仅提供条件完备的赛场供世界一流的赛马师和骑手们一展身手，同时也是各大时尚人士展现自我个性与魅力的舞台。墨尔本杯嘉年华期间，涉及维多利亚州的时装零售额较2015年增长6%，至4 430万美元，时装零售业共售出295 397件时装、49 067双鞋、46 448条裙子、11 659套西服、59 665个女帽。餐饮住宿消费产生了2 360万美元[3]。

各类体育赛事除了为墨尔本带来了经济收益外，还更新了城市面貌，为当地人

---

[1] INVESTVICTORIA. Visit victoria annual report 2016-2017. (2017-6-30)[2018-8-15]. https://as-sets-corporate.visitvictoria.com/documents/Visit Victoria Annual Report 2016-17.

[2] INVESTVICTORIA. 2016-2017 Annual report. (2017-10-19)[2018-8-15]. https://www.visitvic-toria.com/.

[3] CDN. 2017 Victoria racing club annual report. (2017-9-21)[2018-8-15]. https://cdn.racing.com/-/media/vrc/pdf/2017-2018/about-vrc/2017-victoria-racing-club-annual-report.2017-victoria-ra-cing-club-annual-report.pdf.

民带来了自豪感。例如,为举办1956年第16届奥运会,墨尔本建设了大规模的公园绿地,整治了亚拉河两岸的景观,最终墨尔本的绿化覆盖率达到了40%[1]。2015年,亚洲杯足球赛举办结束后,政府利用赛事与财政收入,在此期间投入200万美元升级了足球场地在全州鼓励全民参与足球运动,当地居民产生的自豪感、归属感和获得感也让更多的人投入社区体育运动与赛事志愿服务中去。

(二) 体育设施与大型体育场馆

从体育设施来说,墨尔本具有较为完备的体育基础设施。每周参加体育活动的维多利亚居民约有390万人,这也意味着维多利亚有足够丰富的体育设施来满足居民健身需求,截止到2017年,墨尔本共有16 000个社区体育俱乐部,9 500个社区体育设施,44个大型国际级体育设施,2 000条健身步道,1万多个公园、游乐场、体育保护区[2]。

大型体育场馆通常能够在目的地营销中更好地塑造城市形象,是城市体育基础设施的标志性部分,不仅是建筑,也是重要的旅游文化场所(如北京的"鸟巢""水立方",意大利的圣西罗球场)。墨尔本拥有丰富的球场资源,包括墨尔本板球场、墨尔本矩形体育场、弗莱明顿赛马场、阿提哈德航空球场等世界知名的球场。例如,墨尔本公园是世界知名的体育娱乐场所中心,举办了600多场活动,包括网球赛、演唱会等,每年吸引250万名以上观众前来。

(三) 群众体育与社区基层俱乐部

在群众体育方面,体育活动已经成为墨尔本居民日常生活的一部分。在维多利亚州居民参与有组织体育活动的2016年有关报告显示,运动女性参与率为11%,男性运动参与率为21%,年龄阶段参与率最高的是5~14岁,参与率为66%(居民普遍参与的步行、自行车、游泳、羽毛球等运动项目未纳入调查)[3]。不仅如此,墨尔本州政府为了推动体育运动的发展,还颁布了一系列的体育专项基金。维多利亚州体育局网站数据显示,为给民众提供更多休闲娱乐场所,提高地区宜居性,满足居民运动需求,建设更友好的体育设施,鼓励民

---

[1] 林小峰,赵婷. 将奥运遗产融入城市:以墨尔本奥运场地与环境关系为例. 园林,2011(5):44-47.

[2] VICTORIA STATE GOVERNMENT. A strategic framework for sport and recreation in Victoria 2017-2021. (2017-7-15)[2018-8-15]. http://sport.vic.gov.au/publications-and-resources/strategies/active-vic-toria-strategic-framework-sport-and-recreation.

[3] VICHEALTH. Sport participation in Victoria. (2018-8-15)[2023-1-10]. https://www.vichealth.vic.gov.au/sites/default/files/SPRP-All-sports_rates_de—identified.pdf.

众参与体育活动,更多地满足残疾人、儿童与女性的需求,2014年11月至2017年7月,州政府在基础设施、体育俱乐部、体育比赛等方面共投入10亿美元。其中包括花费960万美元在墨尔本室内建造了64个网球场;花费2.7亿美元打造郊区休闲娱乐体育场所和板球运动场等;花费25万美元用于墨尔本已有的职业足球俱乐部场馆的升级开发;花费320万美元用于霍普高山中心的改建以鼓励残疾人参与体育;花费50万美元进行体育与娱乐设施建设以鼓励女性参与;花费100万美元用于建设基层体育俱乐部以便为儿童创造更安全、更便捷、具有包容性的运动氛围。

(四)体育产业与科创

墨尔本体育的蓬勃发展与体育相关企业密不可分,体育资源的配置效率通过这些企业得到了进一步的提升。维多利亚州出口贸易占全国总额的比重超过25%,为当地增加了400亿美元的经济收入。不仅如此,维多利亚州还大力支持拥有大量体育用品制造企业的墨尔本作为澳大利亚零售业的中心,提供体育产品和服务的出口计划。全球领先的户外用品制造商瑞普柯尔(RIP CURL)自1969年创办至今已成为世界知名的体育用品制造企业,其产品遍布全球,从20世纪70年代开始赞助冲浪赛事,形成了以公司名字命名的多项国际性体育赛事。RIP CURL金铃海滩冲浪大赛便是其中之一,目前该赛事已经成为维多利亚州政府认定的澳大利亚六大特色赛事之一。

墨尔本拥有澳大利亚信息和通信技术行业30%以上的市场份额,澳大利亚排名前20的科技企业有一半以上坐落在墨尔本。在体育技术方面,澳大利亚拥有一个强大的体育技术网络(即澳大利亚体育技术网络,ASTN),作为非营利组织的ASTN涵盖了全国体育技术企业、国家体育组织、研究机构、体育经销商等,ASTN致力于将澳大利亚体育技术商业化,并将其推向全球市场。体育技术领域的创新主要集中在运动器材的产品创新、体育场馆和设施技术、可穿戴技术、运动数据分析等方面,同时ASTN建立了由120家中小企业、14所高校、39名国家统计局成员及500家体育科技企业构成的庞大数据库[1]。

(五)墨尔本建设体育城市实践经验

墨尔本的体育城市建设是建立系列营销组合,做好顶层设计后进行的具体

---

[1] 蔡嘉欣,徐开娟,黄海燕.墨尔本全球体育城市建设经验及其对上海的启示.体育科研,2018,39(6):7.

行动实践,主要手段是通过体育节日化和组合化打包的方式与体育旅游、制造、传媒等产业融合。首先是贯穿全年的体育赛事以多样化、多形式的供给方式吸引当地居民与外地游客的参与,充分挖掘赛事遗产、利用相关媒体报道以及不断更新的创新技术提高全球范围内的曝光率,从而扩大城市影响力;其次是围绕大型体育场馆开发集运动、娱乐、休闲于一体的活动空间,使其不仅满足当地居民健身娱乐需求,甚至成为城市的品牌形象,承担着各类大型活动开展的基础载体功能,每年吸引大量游客前往。此外,基础体育设施的不断完善以及对儿童、妇女、残障人士等特殊人群的倾斜政策,将全民体育的影响范围覆盖更广、更深,增加城市的宜居性,不断提升居民的幸福感和获得感,为未来墨尔本体育的良性发展奠定了坚实基础。

二、瑞士洛桑建设体育城市实践经验

洛桑是瑞士西部沃州的首府,坐落于日内瓦湖的北岸,隔湖与法国城市埃维昂莱班相望。洛桑是著名的体育之城,国际奥委会总部就驻扎在此,因此洛桑也被称为"奥林匹克之都"。洛桑诞生过许多体育界知名人物:瑞士网球名将三届大满贯冠军斯坦尼斯拉斯·瓦林卡、前尤文图斯主席翁贝托·阿涅利、前任法拉利领队马蒂亚·比诺托等。此外,洛桑还有一座著名学府——洛桑联邦理工学院(École polytechnique fédérale de Lausanne,EPFL),其被誉为欧洲麻省理工。一直以来,洛桑市和沃州政府积极地在体育教育研究、体育产业以及国际体育组织和赛事这几个方面上持续投入,以体育为核心带动城市的发展。

(一)"奥林匹克之都"——积极传播体育文化

国际体育科学技术研究院报告指出,国际体育产业对瑞士经济增长意义重大,国际奥委会和国际体育组织2014～2019年在瑞士每年产生16.8亿法郎经济效益,其中洛桑地区为5.5亿法郎。2019年国际体育组织在瑞士雇佣超过3 385人,约1 850人居住在沃州,其中986人位于洛桑[1]。

---

[1] DR STRICKER C, DR DERCHI G B. The economic impact of international sports organisations.(2024-4-18)[2024-4-18]. https://aists.org/wp-content/uploads/2022/01/AISTS-Ecoimpact-21-Full-Report-FINAL-EN.pdf.

1. 体育组织驻扎地——促进交流、保证先进性

瑞士洛桑保证了国际组织有一个安定环境,这为洛桑成为国际组织总部提供了基础。洛桑利用这样的优势发展金融业,建立起完备的金融体系,为实体行业经济的发展提供资金支持。洛桑能够吸引众多国际体育组织来此驻足,还在于其多语言的优势。这个面积不大的国家瑞士,有着德语、法语、意大利语、拉丁罗曼语等多种官方语言。英语的高普及率加上4种官方语言并立的优势,使这些国际组织在瑞士不愁找不到双语甚至是多语人才,令工作交流更加便利。因此,体育赛事的媒体转播时效性也得以保证,多国、多专业组织使得媒体传播力更强、更具先进性。

1993年12月5日,国际奥委会宣布洛桑为"奥林匹克之都",这一切都达到了共同的、长期的历史、奥林匹克运动会的全球意义,使城市与体育机构之间关系得以加强,使洛桑的国际地位达到顶峰[1]。

时至今日,已经有13个国际体育联合会将总部设在洛桑,其中包括国际奥委会、国际大学生体育联合会、国际游泳联合会、国际排球联合会、国际乒乓球联合会、国际曲棍球联合会、国际柔道联合会、国际保龄球联合会等。此外,已有超过50个国际运动协会总部和各种体育组织坐落于此。在洛桑,奥林匹克五环装点着城市的每个角落,从火车站到警察制服,无不宣示着洛桑作为"国际体育组织总部之都"的身份。

2. 体育博物馆——传播奥林匹克精神

洛桑的奥林匹克博物馆无疑是这个城市最气派的博物馆,也是体育爱好者必到之地。博物馆于1993年6月落成开馆,通过视频、交互式展示、纪念品、临时主题展等方式回顾了奥林匹克的"前世今生"。该馆占地2.3万平方米,工程耗资1.18亿瑞士法郎,其中84%来自企业、民间以及一些奥委会成员的捐赠,剩余的16%的资金由国际奥委会承担。奥林匹克博物馆是世界上最大的记录奥林匹克运动发展史的博物馆,也是世界上奥运资料最齐全的收藏所。这座博物馆,是在时任国际奥委会主席萨马兰奇先生的提议下修建的,至今仍在不断添加新的雕塑和展品。

奥林匹克博物馆建馆的宗旨在于用奥林匹克精神教育人们并使奥林匹克精神代代相传,主要负责奥林匹克文物资料档案的收藏保护和展览,宣传奥运

---

[1] 中国奥组委.【奥林匹克文化】洛桑是如何迎接奥运的命运的?(2020-10-9)[2023-12-1]. https://www.olympic.cn/e-magzine/2009/2020/1009/359913.html.

精神和奥运宗旨,运用奥林匹克精神进行社会教育并为国际奥林匹克大家庭和公众服务,洛桑奥林匹克博物馆是迄今世界上收藏最完整、最著名、最有活力的体育博物馆,平均每年吸引大约22万游客。

3. 国际体育盛会与赛事影响力——体育与旅游的"联姻"

瑞士洛桑的体育旅游在体育经济中占有重要地位,占瑞士体育经济增值毛额中的27%,即22亿瑞士法郎来自来瑞士参加体育活动的游客。此外,体育场馆设施收入在瑞士体育经济增值毛额中名列第2,占23%。体育协会和联盟收入及体育用品销售收入各占增值毛额的12%。其次,还有体育行政管理、体育教育、体育保险、体育比赛、体育器材及用品和运动服制作、体育报道等收入。在瑞士,体育经济不是传统意义上的经济门类,而是由多种门类组成的跨行业经济部门。瑞士是全球最富裕、经济最发达和生活水准最高的国家之一,人均GDP居世界前列。瑞士人平均体育水平很高,每个人往往会3~5种体育运动。2014~2019年,国际体育组织及其访客每年在瑞士的平均总支出为11亿瑞士法郎,为瑞士经济带来了5.8亿瑞士法郎的额外收入,为沃洲创造了8.7亿瑞士法郎的额外收入,为洛桑地区创造了5.5亿瑞士法郎的额外收入。国际体育组织在瑞士每支出1瑞士法郎,就会为瑞士经济创造1.52瑞士法郎的收入,相当于增加了52%的价值[1]。

瑞士洛桑的冬季运动产业也是其主要运动产业之一。瑞士拥有4 000米以上的高山48座。冬季的平均日气温都在0℃,雪线始于2 500米,1 800多个天然冰川满足四季滑雪需要,并依势建了230多个大小滑雪度假区。其中最著名的就是阿尔卑斯山区,占瑞士旅游收入的60%。

洛桑每年也会举办诸多知名体育赛事,如洛桑女子网球公开赛、洛桑马拉松赛等,也举办过世界冰壶锦标赛、世界击剑锦标赛、第五届足球世界杯等。中国人最熟悉的莫过于国际田联的洛桑站比赛:2006年7月12日,刘翔在国际田联超级大奖赛洛桑站男子110米栏决赛中,以12秒88的成绩打破了沉睡13年之久的男子110米栏世界纪录并夺得金牌。

2013年12月12日,瑞士洛桑和罗马尼亚的布拉索夫与国际奥委会签署了

---

[1] STRICKER C, GIAVANNI-BATTISTA D. The economic impact of international sports organisations in Switzerland(2014-2019). (2021-10-1)[2023-1-20]. https://www.vd.ch/fileadmin/user_upload/organisation/dec/seps/fichiers_pdf/AISTS_Etude2021_Etude_English.pdf.

冬青奥会申办城市程序条例。2015年7月31日,在国际奥委会第128次全会上,瑞士洛桑获得71票(布拉索夫10票),成为2020年冬青奥会举办城市。2020年洛桑冬青奥会村设在洛桑,颁奖仪式以及冰球、短道速滑和花样滑冰比赛将在洛桑举行。2020年瑞士洛桑获得第三届冬青奥会主办权,这对于这座城市来说就像一场盛大的节日。其中,以"家"为主创理念的开幕式突出洛桑作为国际奥委会所在地和国际体育故乡,欢迎世界体育"回家"。

此外,许多具有权威性的世界性的体育大会以及体育新闻、运动员等颁奖仪式都不约而同选择了这里。例如,2019年的国际体育记者协会首届体育媒体奖颁奖仪式、2020年的冬青奥会、2021年的欧洲田联颁奖盛典等,还有原计划于2020年在中国北京召开的世界体育大会,后也因新冠疫情改在瑞士洛桑召开(最终取消举办),种种国际体育的盛事总会不约而同地来到或回到洛桑。

以冬青奥会为例,赛事期间,各举办城市都洋溢着热烈而欢快的冰雪运动气氛。据洛桑冬青奥会组委会主席维尔日妮·费弗尔介绍,有64万多人参与到了赛事及相关活动中,其中包括8万名小学生。约35万人去现场观看了比赛,其他人则踊跃参加了"En Jeux!"系列活动。例如,洛桑赛区的颁奖仪式统一于傍晚在市中心广场举行,平均每天吸引约2 000名观众。相比2016年的利勒哈默尔冬青奥会,洛桑冬青奥会还更加国际化。巴赫介绍,参赛的国家和地区比上一届多了8个;2020年的冬青奥会吸引了来自39个国家和地区的1 000多家注册媒体前来报道;每日赛事消息在191个国家和地区播发。

(二)洛桑体育城市建设经验

1. 重视体育学科培训与学习为洛桑建设体育城市提供理论基础

多年来,洛桑市政府积极地在体育教育研究、体育产业以及国际体育组织和赛事这3个维度上持续投入,以体育为核心带动城市的发展,其中体育管理领域成绩尤为突出。位于洛桑的国际体育科学技术研究院,是由国际奥委会与瑞士三大著名高校联合创办的体育教育与研究机构。国际奥委会专属的体育学院——国际体育科学与技术学院的体育管理与技术高等研究专业再次排世界体育管理类学科第一名,国际体育科学与技术学院是国际奥委会2000年在瑞士洛桑成立的非营利性教育机构,体育管理和技术高等研究专业自2015年首次排名世界第一之后就再没有让这项殊荣旁落。该评选由法国Eduniversal评估机构做出,评选范围是全球1 000家工商管理类教育机构,这些高等学府来自全世界 150 多个国家和地区，在体育管理学科里共有来自 23 个国家和地区的 50 个高等教育机构入选。

2008 年，国际体育科学技术研究院对沃州的体育产业相关企业和组织进行了统计和分类。统计中涵盖了 50 多个国际体育组织、体育相关服务公司以及各个国际体育组织，包括国际体育仲裁法庭和世界反兴奋剂机构等。作为体育管理和体育教育的引领者，国际体育科学技术研究院将继续与瑞士沃州及国际奥委会开展和深化合作，让洛桑成为全球体育人才的摇篮。

2. 优厚的国际体育组织政策为洛桑建设体育城市吸引众多体育组织和体育人才

国际组织极爱瑞士的一个主要原因在于其税收制度。根据瑞士政府的规定，国际组织在瑞士享有"国际组织待遇"，即他们不需要向瑞士政府报备他们的工作状况，也不需要公开他们的财务报表。国际体育组织在瑞士可以享受到很高的税收减免政策，瑞士政府对他们的管理也非常宽松[1]。那么，作为其首府的洛桑则吸引了众多体育人才聚集，也使许多体育组织在这里扎根。国际奥委会是最早在瑞士设立总部的国际体育组织，他们 1915 年就在这里安家。奥运会在国际上的影响力增加，吸引了众多单项体育组织来到瑞士，同时一些体育相关机构也纷纷加入。

当然这种制度也有其弊端，因为它基本规避了瑞士政府对腐败问题的监管和调查，这也是为什么国际足联腐败事件出现之后，瑞士政府开始加强对国际体育组织的管理。2012 年，瑞士政府要求将重要的国际体育组织的核心官员加入每年申报个人情况的政府要员的名单中，同时加强了对国际洗钱犯罪的打击力度。但这仍抵挡不住国际体育组织对瑞士的喜爱，仅在环日内瓦湖地区（包括洛桑和日内瓦等地）就有包括国际奥委会在内的 23 个国际体育组织。根据国际体育科学与技术学院的统计数字，这些国际体育组织每年给瑞士带来超过 10 亿瑞士法郎的收入，仅洛桑一地每年就从中获利 2.5 亿瑞士法郎。调查显示，这些国际体育组织主要给瑞士政府带来的是就业和大量的旅行产生的费用。每年这些组织为瑞士解决超过 2 000 个就业岗位，仅 2013 年一年国际体育组织成员就有 3.2 万次的旅行。

---

[1] 新华网. 为什么国际体育组织如此钟爱瑞士?. (2022－9－15)[2023－1－10]. https://baijiahao. baidu. com/s?id=1744022590541360136&wfr=spider&for=pc.

3. 以可持续发展原则发展体育是瑞士洛桑给世界提供的有效体育发展方案

以冬青奥会为例,在谈及赛事筹办时,国际奥委会主席巴赫肯定了洛桑冬青奥会组委会在可持续发展、遵守《奥林匹克 2020 议程》方面做出的努力,"他们始终遵循国际奥委会和《奥林匹克 2020 议程》倡导的改革,许多新项目在本届赛事露面。这些改革将助力实现完全的性别平等和高度包容的赛事"。在 2020 年瑞士洛桑冬青奥会组委会大力倡导可持续发展的一大策略是鼓励使用公共交通。据统计,80%的代表团乘坐公共交通工具前往比赛场地。巴赫笑着回忆:"当我从洛桑去圣莫里茨(速度滑冰等项目的比赛地)的时候,两趟火车之间最短的换乘时间是 5 分钟,非常有效率。作为一个德国人,不得不说,这给我留下了非常深刻的印象。"同时巴赫言简意赅地回应了洛桑对于以后冬青奥会的举办城市的最主要、最重要启示是,"遵守《奥林匹克 2020 议程》,构建全方位的视角筹办奥运会,践行可持续发展原则,发展普通人也能参与其中的体育,这样的体育举办才是成功的"。

三、美国费城建设体育城市实践经验

费城(Philadelphia)位于美国宾夕法尼亚州东南部,费城素有"友爱之城"的美名,在人口上是美国第六大城市,仅次于纽约、洛杉矶、芝加哥、休斯敦和菲尼克斯[1]。市区人口共有 1 608 139 人(2020 年),费城是美国最具历史意义的城市,它是美国独立宣言签署的地方,在体育文化、职业体育经济和体育基础设施方面非常有代表性。

(一) 体育休闲空间建设及发展历史

费城拥有全美最大的景观城市公园——费尔芒特公园,费尔芒特公园由 63 个公园组成,占地 9 200 英亩(1 英亩 ≈ 4 047 m^2)。该公园系统内有纪念厅、日式花园、艺术博物馆、动植物园等众多景点,除此外,市民还能在此进行骑马、划船、野餐、飞盘等活动。在早期殖民地时期,费城的发展是沿着东侧特拉华河(Delaware River)开始的,费城西侧邻思故河,密集的码头货运为这座城市带来了最初的活力。1801 年费城第一座自来水厂开发以前,居民都是通过泉水、井水

---

[1] BRINKHOFF T. USA:States and major cities.(2023-7-1)[2023-12-1]. https://www.citypopulation.de/en/usa/cities/.

或者溪流取水,早期的费城和很多美洲城市都面临着城市污水容易渗透井水和溪流从而引发公共卫生问题。在经历了黄热病流行后,费城于 1801 年建成自来水厂——思故河水厂,自此的半个世纪里费城的城市规模开始快速扩张,人口数量从 1800 年 81 000 人暴涨到 1860 年的 56 500 人,城市规模开始扩展到思故河的上下游,新的污染和频繁的人为活动开始影响到费尔芒特周边。鉴于此,费城市政府决定在其周边建立一个公园式水源保护区,从 1840 年开始,随着费尔芒特水厂公园的扩建,政府开始大量购买费尔芒特上游土地以保护思故河免受污染,从而形成费尔芒特公园。1876 年以展示美国在独立宣言 100 周年之际的工业成就为目的的费城百年世博会对费尔芒特公园规划产生了重要影响,这一大型盛会在 6 个月的运营期间内吸引了 1 000 万游客前来,同时也给费尔芒特公园西岸两边带来了道路系统的升级以及历史建筑的遗存(纪念馆和园艺馆),前者缓解了西费城地区长期以来的交通问题,并衍生出大量住宅社区,后者使得费尔芒特公园在世博会之后不仅成为"城市绿肺",还成为费城重要体育运动和文化盛会的举办场所。

到了 19 世纪末,费城确立了市政厅所在的市中心位置,费城也发展成为密密麻麻网格化城市,在费尔芒特公园和市中心间缺乏一条快速路线,而这一时期,费城面临着城市越来越拥挤、市区工厂居住环境堪忧、城市规模扩张及环境污染导致的思故河作为水源地的失败,费尔芒特水厂关闭并改为教育和城市景观基地。于是原废弃水厂的费尔芒特山顶被改造成为全新艺术博物馆,修建了本杰明·富兰克林公园大道从而实现了费尔芒特公园景观到市中心的延伸。20 世纪下半叶到 21 世纪初,思故河健身步道、本杰明·富兰克林公园大道沿路的艺术馆、图书馆逐渐建设,通过一段一段的阶段性工程,原本在城市中零碎存在的大小公园系统有了被串联在一起的可能,城市景观也更加连贯,成为喜欢慢跑或者骑行的健身爱好者们的天堂,作为美国十大马拉松赛事之一的费城马拉松赛便在此举办。此外,美国最大的 10 英里(1 英里 = 1.61 km)跑赛事"Broad Street Run"也在费城举办,该赛事创立于 20 世纪 80 年代,每年吸引 3 万~4 万跑者前来。

(二) 职业体育的发展与成就

作为全美第五大城市,费城拥有 NFL、NBA、NHL、MLB、MLS 球队和 NBDL、美国室内橄榄球联赛以及美国英式橄榄球联赛等众多职业体育球队和大型场馆运营公司。

　　费城的费城人职业棒球队建立于1883年，是全美体育界最具代表性的球队之一。该队自创立以来一直扎根于费城，在过去100多年间从未更名，可谓是全美体育界历史最为浓厚的职业队伍[1]。其主场市民银行公园（Citizens Bank Park）于2004年正式开赛，可容纳43 500个座位[2]。2019年，费城人职业棒球队常规赛的平均观众人数约为3.36万人，2024年为4.15万人次[3]。

　　费城老鹰队是费城顶级的职业橄榄球队，隶属于全美橄榄球联盟东部赛区。该队于1933年正式成立[4]。2018年，他们首次赢得超级碗冠军，使其在费城的人气迅速飙升。2022年9月8日，费城老鹰队以47亿美元位列2022年《福布斯》最具价值运动队排名第16位[5]。费城老鹰队的主场是位于费城南部的林肯金融球场，该球场2003年起对公众开放，场馆可容纳最多69 328名观众，过去近20年里，林肯金融球场也被设计为可以举办大学高校足球比赛、演唱会和职业足球协会的活动，至今已经举办了包括金杯足球赛、世纪美洲杯、女子世界杯、美国女足国际友谊赛在内的无数世界顶级赛事。且该场馆还将作为2026年足球世界杯的比赛场馆之一[6]。

　　费城飞人队是一支驻扎于费城的职业冰球队，于1967年正式成立，隶属于全美冰球联盟大都会东部分区。自成立以来，球队曾分别在1974年和1975年赢得斯坦利杯决赛冠军。费城飞人队的主场是富国银行中心球场，富国银行中心球场建于1996年，是费城飞行者、费城76人以及北美洲国家袋棍球联盟（NLL）费城之翼三支职业体育队伍的主场，可容纳20 444人。该球场于1996年8月31日曲棍球世界杯期间对外开放，自开放以来举办了一系列重要的大

---

[1] MLB. History：timeline-1800s. (2008-6-5)[2023-6-1]. https://www.mlb.com/phillies/history/timeline-1800s.

[2] Citizens Financial Group. Citizens bank park. (2006-6-13)[2023-6-1]. https://web.archive.org/web/20080516135237/http://www.citizensbank.com/ballpark.

[3] ESPN. MLB attendance report-2019. (2019-10-12)[2023-1-10]. https://www.espn.com/mlb/attendance/_/year/2019.

[4] PRO FOOTBALL HALL OF FAMOUS. Team history. (2021-12-1)[2024-6-1]. https://www.profootballhof.com/teams/philadelphia-eagles/team-history/.

[5] OZANIAN M. World's most valuable sports teams 2022. (2022-9-8)[2023-1-10]. https://www.forbes.com/sites/mikeozanian/2022/09/08/the-worlds-50-most-valuable-sports-teams-2022/.

[6] BOYLE O. Lincoln Financial Field will host 6 games in the 2026 FIFA World Cup. (2024-2-5)[2024-6-1]. https://www.philadelphiaeagles.com/news/2026-fifa-world-cup-lincoln-financial-field-will-host-6-games.

型赛事。富国银行中心球场由美国富国银行冠名赞助，是费城市的文化娱乐中心，除可同时承办四支职业球队的联赛比赛外，每年还举办大量的文体活动，如美国花样滑冰锦标赛、NBA 总决赛等，甚至 2000 年共和党全国代表大会也在此召开[1]。

费城 76 人队正式建立于 1963 年，其前身是锡拉丘兹民族队（Syracuse Nationals）。起初，球队在威尔特·张伯伦、哈尔·格里尔、比利·坎宁安等主力球员的带领下，在 1966~1967 赛季获得 NBA 总冠军，并打出了球队在联盟中的最好成绩。1983 年，费城 76 人队在总决赛中以 4∶0 横扫洛杉矶湖人队，同时也拿下了球队历史上最后一次总决赛冠军。在过去的 20 年里，阿伦·艾弗森、安德烈·伊戈达拉、安德鲁·拜纳姆等众多世界知名的顶级球星都曾为费城 76 人队效力。

费城拥有的职业体育俱乐部为城市带来了系列经济活动，如费城老鹰队每赛季有 17 场比赛，一年中有 8~9 场主场比赛，费城人职业棒球队每赛季有 162 场比赛，其主场比赛多达 81 场，再加上其 2022 年进入季后赛和世界大赛，从转播、门票、特许经营权、广告赞助等方面获取的收入带动了费城的经济发展。费城的职业体育俱乐部使居民对该城市产生了身份认同感和群体荣耀感。

（三）大型体育场馆建设运营

融合竞技场（Fusion Arena）是美国第一个专门用于职业电子竞技的场馆，同时是费城电子竞技费城融合队的主场，其建在 Xfinity Live 附近的停车场上，餐饮娱乐区域与富国银行中心球场、林肯金融球场和市民银行球场同属一个综合体内。这些项目都由康卡斯特公司开发管理。Fusion Arena 场内可提供 3 500 个座位，球迷在此体验更高水平的锦标赛质量、产值和球迷设施。在非赛程季，场馆还可以举办小型音乐会、商务会议或讲座，实现全年的持续运营，获取更有保障的人流量。Fusion Arena 是全球谱公司与科迪什公司（The Cordish Companies）共同合作经营的场馆[2,3]。

费城大型体育场馆的建设基金一般是由宾夕法尼亚州和费城市政府承

---

[1] 佚名.富国银行中心球场.NBA 特刊,2016(8):2.
[2] 搜狐新闻.设计面向未来的场景体验:电子竞技体育场馆.(2020-2-11)[2023-1-10]. https://www.sohu.com/a/372109181_100066567.
[3] 搜狐新闻.5 000 万美元,65 000 平方英尺,西半球第一座电子竞技体育场.(2019-10-18) [2023-1-10].https://www.sohu.com/a/347874794_656460.

担一部分，私人承担一部（通常为俱乐部或者球队）。例如，市民银行球场和林肯金融球场，两个场馆政府部门共花费近公共资金大约 5 亿，剩下的大约 10 亿为私人募集，这部分资金来源于这两支球队。关于场馆与门票有关的收入则由职业联盟球队和体育馆共享，除此之外的体育场馆大部分收益如冠名权、广告、停车、特许经营权、俱乐部座位及豪华包厢租金等的收入均归球队所有。

费城关于大型场馆或者休闲娱乐公园的场馆选址和建设问题不仅仅局限在场馆本身，而是要综合考虑旅游、娱乐、购物、休闲、商业、房地产、环境、文化等方面因素，如 Fusion Arena、富国银行中心球场、林肯金融球场、市民银行球场等所构成的综合商务中心，而各个场馆除了可作为职业体育俱乐部的主场外，还可举办音乐会、大型体育赛事或者重要会议等，使场馆得到最大程度利用。而以费尔芒特公园为代表的公园休闲系统则成为集城市休闲、旅游、文化传播等功能用途于一体，为市民和游客提供活动的场域。

（四）费城体育城市建设经验

费城所拥有的职业体育俱乐部和职业联赛、常规赛、季后赛、总决赛等各联盟稳定周期的赛事，以及固定举办的类似于马拉松等赛事，使城市形成了以赛事和职业体育俱乐部为中心的赛事文化产业链，带动了广告、互联网、服装制造等行业的发展。此外，费城通过球赛而营造出民众性的群体狂欢，坚定当地居民对于费城城市或社区的文化认同，而丰富完善的休闲空间以及大型娱乐体育综合中心代表了扎实的民众环境基础，体育运动成为当地居民日常生活和娱乐的重要组成部分。

第五节　国外全球体育城市建设实践的总结归纳与启示

全球体育城市是城市经济、社会、文化发展到一定水平后出现的对全球体育市场具有较大国际影响力、经济辐射力、文化传播力、体育资源配置力的城市形态。纵观全球体育城市发展历史与建设经验，尽管各个体育城市之间的特色不尽相同，但体育与城市发展的内在机制都存在共性。

一、人才、资本、技术与体育产业的互动是城市与体育融合发展的前提

随着城市居民对高品质体育需求的提升,体育消费市场进一步细分与休闲体育人口增加,增加了体育产业的市场优势,吸引了大批体育休闲娱乐健身公司、体育赛事运营公司、体育社团、俱乐部等营利或非营利体育组织,培养了大量高水平运动员、教练员、赛事运营与传播等体育人才,确保了体育市场的活跃与良性发展,此外,政府对社会弱势群体或特殊项目的财政投入在一定程度上弥补了市场的不足。数字化的技术革新以及互联网络空间的传播为城市居民提供了获取体育信息的便利条件,为城市球迷、体育迷、城市居民之间,甚至他们与外来游客之间的沟通交流搭建了新的载体。建设以社区公共体育服务为核心的综合经济以及基于市场需求与政府导向相结合所构成的人才、资本、技术与体育产业间的相互支持互动是城市与体育融合发展的前提条件。

二、由交通网、信息网、环境承载力构成的网络是城市与体育融合发展的基础

此处所指的交通网是指城市间围绕体育空间与城市中心、城市特色景观之间通勤的基础设施,大部分全球体育城市都将城市公共体育空间建设改造和周边交通、居民通勤共同考虑列入城市发展规划使得居民参与体育活动、娱乐休闲变得便利。通过浏览网络体育信息、观看体育比赛、发表体育评论、参与体育消费、接受体育培训等进一步促进了城市体育平等关系,而围绕城市独特自然风光、历史人文景观、城市建筑与城市空间布局等城市环境承载力开展相应的体育活动往往成为一座体育城市的核心竞争力与独特品牌形象。城市交通网、信息网与环境承载力相互制约、协同发展所构成的网络是城市与体育融合发展的基础保障。

三、借助体育文化传播载体营销城市品牌形象是城市与体育融合发展的必要手段

无论是借助如奥运会、世界杯等国际顶级赛事实现城市更新的体育城市如

伦敦、东京，还是通过职业联赛创造出顶级职业球队而收获全球持续关注的体育城市如纽约、费城，都将体育与城市当地文化高度融合，将各类赛事联结城市形象，成为具有全球影响力的、超大规模的人类聚会与文化狂欢的节庆活动，通过社交媒体、转播技术、官方媒体等传播到世界各地，提升城市体育国际影响力的同时，为城市文化和城市品牌形象的传播与塑造提供了天然的平台。

第六章

我国体育城市建设实践

第一节 我国体育城市建设之路与发展概况

随着体育与城市发展的互动关系日益密切,"体育城市"建设目标成为我国许多城市,尤其是北京、上海、广州、深圳、南京等体育活跃城市的新目标。国际体育中心城市、国际知名体育城市、国际著名体育城市等一系列体育城市名称的提出进一步明确了这些城市在体育城市建设中的"全球化"方向。回顾我国体育城市建设与发展的历程,这些城市的体育城市建设之路可以分为以下3种情况[1]。

一、以向国家队输送竞技体育人才、夺取世界冠军为目标的竞技型体育城市建设

这些城市大都被冠以"体育之乡"的美誉,在某些竞技项目领域向国家队输送了大量的竞技体育后备人才。例如,被誉为"亚洲体操之乡""世界冠军摇篮"的湖北省仙桃市,先后为国家选拔、培养、输送了大批优秀体操运动员和体育人才,包括李小双、李大双、杨威、郑李辉、廖辉、昌雅妮等杰出代表,截止到2018年,他们在国际国内大赛上,共获得金牌149枚、银牌90枚、铜牌114枚。2000年,国家体操训练管理中心授予仙桃市"中国体操之乡"和"世界冠军摇篮"两块

---

[1] 陈林华,王跃,李荣日,等.国际体育城市评价指标体系的构建研究.体育科学,2014(6):34-41.

"金字招牌"。江苏南通也享有"世界冠军摇篮""体育之乡"的美誉,从1981年南通籍排球女将张洁云随中国女排首夺世界杯,到2008年北京奥运会上演南通"一日三金"的巅峰时刻,再到2021年10月石宇奇与队友勇夺苏迪曼杯羽毛球混合团体冠军,南通涌现出林莉、葛菲、李菊、黄旭、陈玘、陈若琳、仲满7位奥运冠军,张洁云等14位世界冠军,盛玉红等4位残奥会冠军,顾小飞等3位残疾人世界冠军,以及围棋世界冠军杨鼎新,拥有世界冠军头衔的运动员达29人,南通成为名副其实的竞技体育"国家人才库"。此外,还有诸如享有乒乓球"世界冠军摇篮"的河北保定,羽毛球"世界冠军摇篮湖"的湖南安化,短道速滑"世界冠军摇篮"的黑龙江七台河,女排"世界冠军的摇篮"的福建漳州和羽毛球"世界冠军摇篮"的福建龙岩……这些城市利用有限的资源进行竞技体育后备人才的培养,冠军的获得为这些城市带来了荣光,体育也成为城市熠熠生辉的名片,体育变成推动城市发展的重要力量。

二、以群众体育开展为标志的传统、特色和文化体育城市建设

这些城市的代表包括"跳水之乡"广东湛江、"冰雪之乡"黑龙江哈尔滨、"中国滑雪之乡"吉林通化、"武术之乡"河北沧州、"全国篮球城市"广东东莞等。这些城市要么拥有悠久的体育运动传统,要么是群众体育开展得非常有特色,或者形成了浓厚的体育文化氛围。例如,吉林通化拥有得天独厚的冰雪资源,该城市与世界滑雪胜地阿尔卑斯山脉在同一纬度带,雪季长达150多天,气候温凉、风小、温度适宜,尤其在滑雪旺季,是东北乃至全国最适宜滑雪的地区。此外,通化具有深厚的冰雪运动传统,群众参与度高,具有完善的场馆设施和深厚的冰雪文化,新中国第一个专业滑雪比赛场地建在通化,第一届全国滑雪运动会在通化举办,第一个全国滑雪冠军、第一个亚洲滑雪冠军、第一个短道速滑世界冠军都出自通化。河北沧州以悠久的武术传统名闻天下,"源于春秋,兴于明朝,盛于清代,清末民初甚为繁盛"。沧州因为同处京津腹地,京津特别是北京,历来都是达官显贵聚集之地,对府邸的护卫有大量的需求,所以京城周边很多地方的习武之人都去京城当护院等职。沧州的武术门派众多,有八极、劈挂、燕青、八卦、六合、查滑、功力、太祖等53个拳种,占全国129个武术门派拳种的41%,各门派均具有刚猛剽悍、力度丰满、长短兼备、朴中寓鲜的风格特点。近

几百年来，沧州武术精英荟萃，涌现出丁发祥、霍元甲、王子平等大批高人义士，为御外辱、扬国威、光大中华做出了巨大贡献。沧州武术独树一帜，除有代表性拳种的八大门派以外，疯魔棍、苗刀、戳脚、阴阳枪等拳械为沧州所独有。沧州武术还兼收并蓄，积累了雄厚的传统武术资源，近年来又吸纳跆拳道和规范武术套路等积极成分，取得新的发展。1992年，沧州被正式命名为全国首批"武术之乡"。

三、以全球化为目标的全球体育城市建设

20世纪90年代以来，尤其是我国加入世界贸易组织之后，我国城市开始融入经济全球化进程，城市需要在全国甚至全球范围内争夺发展资源，城市之间的竞争变得日益白热化，城市形象塑造和城市品牌建设就成为城市营销的重要手段。在学习借鉴国外城市发展经验基础上，北京、上海、广州、深圳、南京、成都、杭州等大中城市纷纷提出建设体育城市的规划战略。例如，北京于2003年首次提出建设国际体育中心城市，上海于2001年提出创建亚洲一流体育中心城市，广州于2006年提出建设全国一流、国际瞩目的体育强市，晋江于2007年提出创建中国首个体育产业城市，南京于2011年提出亚洲体育中心城市的建设目标，成都于2015年提出国际体育赛事名城的建设目标，杭州于2016年首次提出创建国际体育赛事名城等。

可以看出，我国体育城市建设的时代特征或者内在逻辑：一是融入全球化，城市竞争加剧，体育成为城市形象塑造和城市品牌打造的重要力量；二是我国大中城市先后进入后工业化经济结构转型关键期，体育产业成为新经济的重要选项之一，发展体育产业是经济转型升级的主要方向。从表现形式看，我国体育城市建设基本是以大型赛事的举办为契机，通过体育场馆设施和城市基础设施的超前建设来提升城市形象和承载能级，以此吸引更多的社会投资和人口流入，进而提升城市经济活力，促进城市产业结构优化和经济转型升级。从建设主体来看，政府始终是我国体育城市建设的主导力量，无论是体育城市建设的规划制定，还是大型赛事的申办举办，还是体育场馆设施建设，主导力量都来自政府行政部门及其下属事业单位。在此过程中，政府还通过政策引导和调动各类市场主体和社会力量，并通过竞技体育和大型赛事的引领作用积极带动群众

体育和体育产业的发展,以此形成政府、市场、社会和个人各方力量相协调的体育城市建设格局。

第二节　北京由国际体育中心城市到首都国际体育名城的建设发展

一、北京建设国际体育中心城市的提出

北京是我国的首都,以及政治、文化、国际交往和科技创新中心,也是全国历史文化名城和古都之一。新中国成立初期,北京就陆续建设了一系列体育场馆,包括1954~1955年改建和扩建的先农坛体育场,1954年建成的新中国第一座综合性体育馆——北京体育馆,1956年建成的北京陶然亭游泳场,建于1959年的北京工人体育场,1961年建成的北京工人体育馆,以及1968年竣工的首都体育馆等知名场馆,当时北京市的体育场馆设施水平处于国内城市的领先地位。

1978年党的十一届三中全会确立了对内改革、对外开放的政策,中国自此开启了以经济建设为中心的社会主义现代化建设新征程。经过5年的发展,我国综合国力已大幅提升,党中央认定国家已经具备举办亚运会的条件和力量。1983年,中央政府决定全力支持北京申请1990年第十一届亚运会的举办权。1984年北京击败唯一竞争对手日本广岛,如愿以偿获得亚运会举办权。从1986年开始,北京就兴建了20个新的体育馆,改建和修缮了13座原有场馆。在面对经费严重短缺以及"蒙特利尔陷阱"的前车之鉴时,为了稳定大局,1989年党中央还发布专题文件,强调举办亚运会的意义。1990年北京亚运会如期举办并取得了巨大的成功,同时也给一代人留下了难忘的回忆,甚至有人表示,"北京亚运会对中国人的影响比2008年奥运会还要大"。其中一个重要原因是,当时还没有很多国际交往经验的中国人因为亚运会看到了世界的样子,同时也让很多国际友人看到了新中国的样子。"举国总动员"的北京亚运会为中国留下了重要的遗产,不仅振奋了国民精神、团结了海内外华夏儿女、惊艳了世界,同时还成就了"体育设施建设在前,城市发展在后,体育带动城市发展"的典型案例,并且在较大程度上促发了北京继续申办2000年奥运会以及2008

年奥运会的雄心壮志。

1991年,北京市向中国奥委会递交了承办2000年奥运会的申请书,以2票之差失利。相关报道显示,北京申办奥运会还得到了党的第二代领导集体核心人物邓小平同志的高度关注与大力支持。1998年党和国家再次做出决策支持北京申办第29届奥运会,并最终于2001年成功获得2008年第29届夏季奥运会承办权。

2008年北京奥运会的成功申办对北京提出建设国际体育中心城市有着重要的推动作用。2003年《中共北京市委、北京市人民政府关于加强新时期体育工作建设国际化体育中心城市的意见》和2005年《北京市国民经济和社会发展第十一个五年规划建议》中明确提出"推进国际化体育中心城市建设"的发展目标,建设国际体育中心城市是北京为适应建设现代化国际大都市的发展要求、紧抓2008年奥运契机而提出的。建设国际化体育中心城市的总体目标是将北京建设成拥有一流的体育设施、一流的体育人才、一流的赛事资源、一流的体育产业,并具有国际影响力的体育赛事、体育商务、体育科技、体育人才、体育信息交流的中心城市[1]。2007年,北京市委、市政府在《关于促进体育产业发展的若干意见》中又进一步确认了北京打造国际体育中心城市这一定位。2009年,北京提出建设世界城市和进一步确认建设国际体育中心城市的目标。

二、北京的首都国际体育名城发展定位及具体任务

继成功举办2008年北京夏季奥运会后,2015年7月北京又成功获得了2022年冬奥会举办权,并于2022年成功举办了北京冬奥会,这不仅意味着北京成为全球唯一一座"双奥之城",也标志着北京建设国际体育中心城市的发展进入了新的阶段。2021年12月29日,北京市体育局和北京市卫健委共同编制的《"十四五"时期健康北京建设规划》(简称《规划》)正式发布。《规划》着重在"大体育"推动"大健康"的同时,突出体育强市的重要地位,确定了建设国家全民健身典范城市和首都国际体育名城的发展定位。该定位是"十四五"时期北京明确提出的关于体育城市建设的最新发展定位。

---

[1] 鲍明晓.北京建设国际体育中心城市的相关理论问题研究.上海体育学院学报,2010,34(2):4-10.

根据《规划》的要求，首都国际体育名城的建设锚定了 2025 和 2035 两个时间节点。

（1）到 2025 年，首都体育事业发展水平加快提升，形成政府主导有力、社会广泛参与、市场迸发活力、公共服务丰富的体育发展新格局。

（2）到 2035 年，首都体育的市民亲和力、经济贡献力、文化软实力、世界影响力更加彰显，体育强市成效显著，成为国家全民健身典范城市和首都国际体育名城，建成居民身心和谐、世界领先的健康城市。

《规划》提出了十一项主要任务，但并没有明确针对首都国际体育名城建设的任务，而是把相关内容融入这些主要任务中。其中，相关的内容包括以下：

1. 主要任务（五）：落实体育强国和全民健身国家战略

（1）构建高水平全民健身公共服务体系：充分发挥市、区两级全民健身工作联席会议作用，切实履行政府公共体育服务责任。紧扣"七有"目标和"五性"需求，开展全民健身示范街道、体育特色乡镇创建，完善评选指标体系和评选办法，强化基层全民健身工作规范化建设、精细化管理和精准化服务。以保障群众基本体育权益、增强体质、促进健康、改善民生为出发点，构建覆盖城乡、便民惠民、持续发展、不断完善的全民健身公共服务体系，提升全民健身公共服务水平。全市经常参加体育锻炼人数比例达到 53%，生活化的体育主题活动更加多样。

（2）不断提高为北京和国家争光能力：完善北京竞技体育发展模式，形成举国体制、体教融合、社会组织统筹发展的多元化新格局。优化竞技体育项目布局，做大做强乒乓球、跳水、体操、羽毛球等奥运会重点项目，快速提升田径、游泳、自行车和水上等基础项目，汇聚和培养一批具有国际视野、创新思维和较高执教水平的教练员队伍。深化"三大球"项目改革，推动竞技水平迈上新台阶，不断在全运会和职业联赛中创造佳绩。加强市属训练单位场馆设施升级改造，加快运动队复合型训练团队建设，全面提升训练质量和竞技水平，为国家培养和输送更多竞技体育人才，在奥运会、全运会等大赛上取得优异成绩。

（3）营造青少年健康运动良好环境：持续推进体教融合，牢固树立"健康第一"的教育理念，加强体育传统特色校园和青少年体育俱乐部建设，贯通青少年体育后备人才培养输送渠道。加快体校改革，建设成为融业余训练、技能培养、体育课服务、课余锻炼为一体的青少年体育训练活动中心。继续完善青少年体育赛事体系,鼓励社会力量广泛参与青少年体育培训和竞技体育后备人才培养。紧抓冬奥会契机,大力发展青少年冰雪运动。不断完善冬夏并举,学校、体校、社会共同发力的青少年体育服务体系。

(4) 推动冰雪运动发展迈上新台阶:依托北京市冰上项目训练基地,推进雪车、雪橇等项目国家集训队共建,联合冰雪强省,培养一批短道速滑等项目优秀运动员,全力做好2022年北京冬奥会和冬残奥会备战和保障工作。着力打造市民快乐冰雪季等群众广泛参与的高品质冰雪赛事活动,每年举办市级冰雪赛事活动不少于10项。建立健全北京市青少年冰雪项目U系列赛事体系,整合体育传统特色学校,扶持冰雪运动学校,积极发展校园冰雪运动,培养高质量的冰雪运动后备人才。

(5) 普及提高"三大球"运动:广泛开展"三大球"群众体育活动,形成浓厚的"三大球"健身氛围。健全职业赛事、青少年赛事、社会赛事相结合的"三大球"赛事体系。推进"三大球"市场化建设,规范联赛职业化发展路径,提升职业联赛品牌价值和自身盈利能力,使"三大球"职业联赛组织和竞赛水平达到亚洲一流水平。加强区级"三大球""3+3+3"项目建设。大力培育业余"三大球"俱乐部,鼓励学校发展学生"三大球"社团。

(6) 广泛开展全民健身赛事活动:适应常态化疫情防控需要,创新线上线下融合的全民健身活动模式,推动群众体育健身活动普遍化、经常化、多样化。以"百队杯"等品牌体育赛事为抓手,引导社会力量参与赛事运动,搭建群众性"三大球"赛事平台。广泛开展武术、健身气功、龙舟、风筝等非奥项目,提高非奥运动普及率。积极开展老年人、妇女、幼儿体育,推动残疾人康复体育和健身体育发展。广泛开展校园体育竞赛活动,完善青少年体育竞赛体系。每年举办市级以上群众体育赛事活动不少于500项,确保"群众天天有活动、社区(村)月月有赛事、街道(乡镇)年年有运动会"。

(7) 统筹建设体育运动场地设施:坚持政府主导、坚持问题导向、坚持首善标准、坚持因地制宜,挖掘供地潜力,充分利用疏解腾退空间、城市"金角银边"等资源,规划建设方便可达的群众体育设施,加快工人体育场复建改造,推动城市副中心绿心体育设施、工人体育馆、"三大球"青训基地、北京市游泳学校等重点项目建设,分步升级改造智慧化训练基地场馆设施。"十四五"时期全市新建380块社会足球场地,人均公共体育用地面积大幅增加,人均体育场地面积达到

2.82平方米以上,每万人拥有足球场地数量达到1.25块。

(8)打造高端赛事助力国际交往中心建设:以筹办2022年北京冬奥会和冬残奥会为契机,全力做好2023年亚足联亚洲杯足球赛(北京赛区)筹办工作,不断促进中国网球公开赛、北京马拉松、北京国际长跑节-北京半程马拉松等赛事提质升级。以北京优势运动项目为主,围绕城市副中心、奥林匹克中心区、新首钢园区、延庆冬奥场馆群等重点地区,开展群众性国际品牌体育赛事"一区一品"品牌建设。重点加强与友好城市、奥运会举办城市以及"一带一路"沿线国家和城市的交流与合作,充分发挥国际体育赛事牵引带动作用,打造一批有特色、效果好、国际影响力大的国际品牌体育赛事活动,促进国际交往与民心相通。

2. 主要任务(六):营造健康文化

弘扬中华体育精神:弘扬以新时代女排精神为主要特质的中华体育精神,在体育领域彰显社会主义核心价值观。加强奥林匹克精神、中华体育精神和体育道德风尚教育,创新宣传方式,强化舆论引导,围绕打造"双奥之城"名片,将体育文化融入首都城市文化建设中。讲好北京体育故事,使体育运动成为传播正能量、弘扬主旋律的重要载体,营造健康向上的社会氛围,实现奥林匹克运动与城市发展的双赢,彰显大国首都风范和中华文化独特魅力。

3. 主要任务(八):推进健康产业创新发展

(1)提升全民健身新品质:引导市民树立大健康理念,养成主动健身习惯。促进体育与健康、体育与教育融合发展。持续推进公共体育设施和学校体育场地设施面向社会开放。创新全民健身赛事组织体制和评价激励机制。推进建设市级"全民健身服务云"平台,提升场馆综合服务水平。鼓励市场开发智慧"云健身"产品和服务,促进线上线下互动融合。

(2)推动体育赛事新发展:加强与国际体育组织及高水平职业俱乐部合作,鼓励引进国际顶级商业体育赛事。支持北京体育职业俱乐部建设与发展,鼓励职业俱乐部市场开发,培育体育赛事经纪服务能力,加快构建职业赛事全产业链。创新赛事文化,提升职业联赛品质,打造北京"金牌球市"。支持体育赛事与文化娱乐深度结合,推进体育竞赛表演业创新发展。鼓励体育社会组织和市场主体举办电子竞技比赛活动。

(3)促进体育消费新增长:拓展马术、击剑等精品体育运动项目发展空间,构建以健身休闲业、竞赛表演业为龙头的体育产业体系，发展体育中介咨询、体育产品研发等体育服务，释放体育消费潜力，助力国际消费中心城市建设。鼓励发展赛艇、皮划艇、帆船等水上运动项目。调整完善体育彩票消费结构。聚集体育资源，发展夜间体育经济，将"'8·8'北京体育消费节"打造成国内知名品牌。对开发奥运遗产资源进行谋篇布局，支持举办各类体育展会，提高体育企业产品和服务质量，扩大首都市民体育消费结构占比。坚持体旅融合，发展体育旅游项目，协同建设京张体育文化旅游带。

（4）推动高科技体育领域新应用：拓展新场景应用，以数字化赋能体育产业发展。促进体育与传媒融合，推进5G、8K等技术在体育赛事中应用，打造数字体育产业。推动人工智能、物联网、区块链等新兴技术在体育制造领域的应用，发展高端智能体育用品制造业，打造智能体育产业集群。鼓励高科技冰雪运动装备研发，打造冰雪智能运动装备一体化产业链。鼓励建设智能体育场馆，推出一批体育特色鲜明、服务功能完善的综合体项目。创新体育培训业态及商业模式，鼓励发展一批智能健身俱乐部和优质体育科技服务品牌。

4. 主要任务（九）：纵深推动京津冀健康事业协同发展

推进更高水平体育健身共建共享：建立京津冀体育部门联席会议机制。以京津冀体育设施布局、体育组织建设、健身休闲和赛事活动组织融合互补为重点，大力推进三地体育事业协同发展。重点开发京津冀地区房车露营、山地越野、徒步登山、公路骑行、攀岩等体育旅游项目，推进京津冀三地体育赛事表演市场、体育营地，特别是体育人才培养无障碍衔接，举办京津冀冰雪、"三大球"、乒乓球、羽毛球等赛事活动，打造立足区域、服务全国、辐射全球的体育、休闲、旅游产业集聚区。

除了以上具体的体育方面的任务外，《规划》还在主要任务（十）和主要任务（十一）中提出了建设所需要的人才、投入、信息等方面的保障，以及现代化治理体系和治理能力的要求。

三、北京体育城市建设的策略分析

目前，北京在体育城市建设的历程中最新的提法，即为前文所述的首都国际体育名城。但不管是之前的国际体育中心城市还是现在的首都国际体育名城,北京都没有单独发布过专门针对体育城市建设的方案或者是规划。而是将体育城市建设融入整个世界城市的建设中。例如,将打造高端赛事放在北京国际交往中心建设中,将体育文化融入首都城市文化建设中等。换言之,北京体育城市的建设逻辑是将世界城市的建设与国际城市的建设融在一起,通过世界城市各项定位的实现,逐步完成北京国际体育城市的建设。从前述三大体育城市排行榜的排名情况看,北京是唯一一个出现在全球三大榜单上的中国城市,且三大榜单的排名同时也在一定程度上与北京在全球城市中的排名大体相当。这一排名结果也进一步证明了北京体育城市建设的逻辑。

另外,从全球著名城市的建设结果看,北京之所以能够在全球体育城市的建设中异军突起,领跑全国,最主要可能还是得益于北京成功举办了2008夏季奥运会及2022年冬奥会,成为全球首个同时举办过夏季与冬季奥运会的城市。奥运会主办城市本身影响力,以及通过奥运会的举办为北京留下的"鸟巢""水立方"等著名体育地标与奥运遗产,都极大地提升了北京在全球体育城市网络中的地位与影响力,充分显示出奥运会这类超大体育赛事的全球影响力及其对主办城市的助推作用。北京体育城市建设策略的成功也得益于其对于有全球影响力赛事的选择上。

第三节　上海全球著名体育城市发展经历

一、上海建设全球著名体育城市的目标定位

作为中国的经济与金融中心,上海长期以来致力于建设世界级城市,在2018年发布的《上海市城市总体规划(2017～2035年)》中,进一步明确提出了面向2035年与2050年先后基本建成和全面建成卓越的全球城市的远期与远景目标。在此背景下,上海提出将于2050年全面建成全球著名体育城市的建设目标,可以说与上海城市总体发展的战略定位与远景目标是相适应的。从全球领先的著名体育城市的经验看,全球著名体育城市的建设既是全球城市建设的重要内容与题中之义,也是全球城市建设的重要手段与有效途径,从这个意义上说,全球著名体育城市的建设堪称全球卓越城市建设的标志性事业。

与全球城市类似,全球著名体育城市也是一个相对动态的概念,随着体育全球化的不断深入和经济社会文化背景的发展而不断变迁。结合前述对世界公认的全球著名体育城市的分析与归纳不难发现,要想成为全球著名体育城市,不仅其体育发展水平与综合实力要位居世界前列,更为重要的是要对其他城市体育的发展起到引领、示范与辐射的作用。从本质上看,体育是一个城市文化软实力的有机组成部分,而一座城市是否能够成为全球著名体育城市,不仅要看自身体育发展的水平与实力,还要看对世界体育发展的影响力与贡献度。基于此,本文将全球著名体育城市界定为那些位于世界城市网络等级体系的顶端,市民体育素养、健康水平及城市体育综合实力世界领先,并对全球体育文化与生态产生重要影响与辐射作用的节点城市。这些城市既是全球优质体育资源的集聚与扩散中心、全球高端体育产品与服务的生产和消费基地,也是全球体育文化传播与交流的枢纽。

二、上海全球著名体育城市建设的基础与优势

作为中国的经济与金融中心,上海也是国内较早将体育上升到城市发展战略层面的城市。总体上看,改革开放以来,尤其是在进入 21 世纪之后,上海的体育事业与体育产业取得了快速发展与长足的进步,各项指标在全国处于较为领先的水平,为上海建设全球著名体育城市奠定了较为扎实的基础。

第一,上海城市综合实力不断增强,具备成为世界级城市的潜力,为建设全球著名体育城市奠定了基础。改革开放以来,上海经济社会长期保持了快速稳定发展的良好势头,城市综合实力不断增强,城市影响力显著提升。另外,城市基础设施建设、国际化程度与国际影响力、科技创新水平与文化软实力等各项指标也在全国处于领先水平,并且与纽约、伦敦、巴黎、东京等公认的世界级城市的差距不断缩小。在管理咨询公司科尔尼 2019 年全球城市排行榜中,上海名列第 19 位。2016 年 5 月 11 日,国务院常务会议通过的《长江三角洲城市群发展规划》首次提出要"提升上海全球城市功能"。《上海市城市总体规划(2017~2035 年)》指出,"在 2020 年基本建成'四个中心'的基础上,到 2035 年将上海基本建设成卓越的全球城市"。这些表明,上海全球城市建设的目标定位,已经上升为国家战略。上海全球卓越城市的建设和综合实力的增强,将为

上海打造全球著名体育城市提供强大支撑。

第二，上海市政府对于全球著名体育城市建设的目标明确、任务清晰、保障有力。上海全球著名体育城市的目标定位是在多年探索与实践的基础上提出的，符合上海市情与目标，是之前建设亚洲一流体育中心城市目标的延续。早在2002年，上海市委就出台了《关于加快上海体育事业发展的决定》（沪委〔2002〕14号），明确提出了要将上海建成亚洲一流体育中心城市的战略目标。此后，上海一以贯之地制定与实施了一系列的围绕举办大型赛事、提升竞技体育、促进全民健身和发展体育产业的政策与措施，并取得了明显成效。2015年，上海首次明确提出要在2025年基本实现全球著名体育城市的建设目标，而在2020年10月17日市政府制定的《上海全球著名体育城市建设纲要》中不仅再次确认了2025年基本建成全球著名体育城市的目标，而且明确提出要在2050年全面建成全球著名体育城市，进一步显示了上海市政府对于体育事业的重视和通过体育城市的建设提升城市综合实力的战略决心，并为此提供强大的公共资源与政策的支持与保障。

第三，近年来，上海体育产业保持了快速增长的势头，体育消费日趋活跃，作为迅速崛起的新兴体育城市的后发优势明显。尽管上海体育产业规模总体仍然偏小，但是发展势头良好，对国民经济的贡献率不断提高。统计显示，2018年上海体育产业增加值556.90亿元，同比增长18.42%，体育产业发展明显快于上海GDP的增长速度，尤其作为体育产业核心的体育服务业，占上海体育产业增加值的87.3%，与西方发达国家水平相当。

第四，上海大型体育赛事体系日趋完善，体育的国际影响力明显提升，初步具备了打造全球著名体育城市的现实基础。经过多年的积累与努力，目前上海大型体育赛事的数量与级别在国内保持领先地位，赛事布局也日趋合理。以2019年为例，上海举办国际国内重大体育比赛163场，其中国际性比赛87场，全国性比赛76场。其中F1中国大奖赛、上海ATP1000网球大师赛、国际田联钻石联赛上海站、上海国际马拉松赛、世界高尔夫锦标赛-汇丰冠军赛、世界斯诺克大师赛上海站、环崇明岛国际自盟女子公路世界巡回赛、上海环球马术冠军赛等品牌顶级赛事已成为重要的城市名片，赛事引领作用和国际影响力均得到显著提升。

三、上海当前在全球体育城市中的排名情况

从第二章中三大体育城市排行榜的排名情况看,上海目前上榜的只有 Sportcal 公司发布的全球体育城市影响指数排行榜,2019 年位列该排行榜的第 37 位,而在同一榜单中,国内还有多个城市排在上海前面,其中排名最高的是位列第 8 位的北京(表 6-1)。同时,北京也是唯一出现在另外两个榜单上的中国城市(表 6-2)。

表 6-1 Sportcal 公司发布的全球体育城市影响指数排行榜国内部分城市排名情况(2018~2019 年)

城市	2019 年	2018 年
北京	8	9
南京	11	10
成都	28	89
上海	37	33

资料来源:www.Sportcal.com。

表 6-2 北京在不同排行榜榜单中的排名

博雅凯维传播公司 BCW 体育城市排行榜(2020)(括号中为 2019 年全球城市排名)	SportBusiness 公司世界顶级体育城市奖排行榜(2018)	Sportcal 公司全球体育城市影响指数排行榜(2019)
16(9)	22	8

如果按照前述综合三大排行榜的估算,北京基于最新排行榜的综合排名应该能够进入世界前 15 强,无疑是中国城市在全球著名体育城市排名最靠前的城市,同时也在一定程度上与北京在全球城市中的排名大体相当(如 2022 科尔尼全球城市排行榜北京名列第 5)。而反观上海,考虑到 SportBusiness 公司世界顶级体育城市奖排行榜与 BCW 体育城市排行榜本身分别只列出世界前 30 强与前 50 强的城市,再综合 Sportcal 公司发布的全球体育城市影响指数排行榜,意味着上海排名总体上看尚未进入世界前 40 强,既无法与世界公认的全球著名体育城市相提并论,也与北京有比较明显的差距。不仅如此,与上海在各大全球城市排行榜中频频进入前 20 位(如 2022 科尔尼全球城市排行榜上海名

列第 16 位)相比,上海在全球著名体育城市版图中的排名也显得较为逊色,从侧面反映上海目前的体育城市建设一定程度上是滞后于城市整体发展水平的,体育的全球影响力与上海的综合实力不相适应。

四、上海对标世界公认的全球著名体育城市存在的主要差距

从上述分析可以看出,上海目前在全球著名体育城市中的排名仍然比较靠后,与上海自身在全球城市中的位置也不相适应,对标世界公认的全球著名体育城市将有助于上海寻找差距与短板,更好地明确努力的方向。通过对照,上海至少在以下方面还存在有待进一步提高的空间。

第一,举办赛事的级别、影响力与知名度都有待进一步提升。上海到目前为止,既没有举办过奥运会这样的全球顶级综合性赛事,也缺乏像网球大满贯、马拉松大满贯、环法自行车赛这样具有国际影响力或知名度的顶级固定赛事。

第二,职业体育尚不发达。与世界公认的全球著名体育城市往往拥有数量众多且令各国球迷耳熟能详的职业俱乐部相比,上海不仅职业俱乐部数量偏少,而且缺乏具有国际影响力或知名度的职业体育俱乐部,球迷文化有待进一步培育。

第三,大众体育基础设施仍旧比较缺乏,居民体育参与度有待提高,体育生活化有待进一步推进。从体育设施看,上海不仅人均拥有的体育设施数量远低于英国、美国、日本等发达国家,而且在游泳池、足球场、网球场、室内体育馆等重要体育设施上差距更大,人均游泳池的数量不到伦敦的一半,只有日本的1/8,而且伦敦人均拥有体育馆、网球场和足球场的数量则分别是上海的 17 倍、5 倍和 26 倍[1]。

第四,体育消费供给侧矛盾比较突出,居民的体育消费热情有待进一步释放,体育产业对经济的贡献率仍然不高,服务业占体育产业的比重较低。以英国为例,其 2011 年的体育增加值 3 720 亿元人民币,占英国 GDP 的 2.6%;体育消费支出占国民总消费支出的 2.8%,人均消费支出 5 129 元,且体育服务类

---

[1] 刘东锋.发达国家大众体育参与现状与测量研究:兼与上海比较.上海体育学院报,2016,40(4):27-31,49.

消费占到70%以上[1]。而上海2018年体育产业增加值占当年全市GDP总值比重仅为1.7%。与此同时,上海人均体育消费金额与西方发达国家的差距更大,只有英国的1/6。而且消费结构也非常不合理,80%都是用于鞋帽等实物型消费,而真正用于体育参与和体育观赏等服务型消费的支出比例非常低,与西方发达国家形成较大反差。

第五,大型体育场馆设施明显不足。大型体育场馆设施是举办大型体育赛事和吸纳顶级职业俱乐部入驻的物质载体,与世界公认的全球著名体育城市相比,上海在这方面的差距也非常明显。例如,到目前为止上海仍旧没有一座符合举办男足世界杯决赛标准的专业足球场。

第六,在世界范围体育资源配置的能力有待加强。世界公认的全球著名体育城市往往也是众多国际单项体育联合会或职业体育联盟等国际体育组织以及体育跨国公司的总部所在地,而目前上海还没有成为任何国际体育组织的总部所在地,体育跨国公司总部的数量也屈指可数。

第七,国际体育文化传播影响力不够。国际公认的全球著名体育城市往往拥有享誉国际的体育传媒、知名体育文化景观以及著名的体育相关高等教育与科研机构。相比之下,上海目前还缺乏有影响力的体育传媒、世界一流的体育高校与科研机构。

第四节 深圳国际著名体育城市打造实践

一、深圳打造国际著名体育城市的提出

2019年8月,中共中央、国务院印发《中共中央 国务院关于支持深圳建设中国特色社会主义先行示范区的意见》,明确提出支持深圳举办国际大型体育赛事和文化交流活动,建设国家队训练基地承办重大主场外交活动。

2022年2月,深圳市文化广电旅游体育局发布《深圳市文体旅游发展"十四五"规划》,明确提出推动国际体育资源集聚,吸引国际知名体育组织和企业在

---

[1] 刘东锋.论全球体育城市的内涵、特征与评价.体育学研究,2018,1(4):58-65.

深圳设立总部或地区总部,提升深圳体育国际影响力。在粤港澳大湾区、中国特色社会主义先行示范区背景下推动深圳体育再上新台阶,加快建设国际体育名城,既是深圳践行"全民健身"战略,提升社会文明程度的重要举措,也是促进深圳体育产业高质量发展,提高深圳经济竞争力的必然策略,更是提升深圳城市国际影响力,建设国际化创新型城市的战略支撑。

二、深圳打造国际著名体育城市的特色做法

(一)从中央到地方,打造国际著名体育城市政策明确,方向一致

2019年,《中共中央 国务院关于支持深圳建设中国特色社会主义先行示范区的意见》正式印发,其中提到,推动更多国际组织和机构落户深圳。支持深圳举办国际大型体育赛事和文化交流活动,建设国家队训练基地,承办重大主场外交活动。2020年3月,深圳出台《关于加快体育产业创新发展的若干措施》,明确提出体育发展目标:到2035年,成为体育高质量发展的全国典范,体育创新能力、体育综合竞争力世界领先,成为国际著名体育城市;到21世纪中叶,跻身世界体育产业高度发达城市行列,依托粤港澳大湾区,积极申报举办国际大型综合体育赛事,成为国际体育示范城市。

2021年12月,广东省人民政府印发《广东省全民健身实施计划(2021~2025年)》,提出以广东、香港、澳门三地联合承办第十五届全国运动会为契机,构建粤港澳大湾区全民健身合作平台,加强区域全民健身深度融合,形成具有国际领先水平的优质体育生活圈。引发深圳人关注的是,该计划提到,支持广州建设世界体育名城、深圳建设国际著名体育城市,吸引国际体育组织和知名企业在广州、深圳设立总部或地区总部。

值得一提的是,《广东省全民健身实施计划(2021~2025年)》还提出,支持深圳建设国家体育消费试点城市。2021年9月,《深圳建设国家体育消费试点城市实施方案》发布,提出到2025年,经常参加体育锻炼的市民比例达到40%,市民体质合格率达到92%,全民健身各项指标位居全国前列。

从中央到地方,深圳已经明确了打造与先行示范区相匹配的体育之城的建设目标和要求,各项政策也均开始朝着这一目标提速发展。

(二) 差异化竞争,打造国际+本土化的深圳特色[1]

1. 打造冰球运动高地,培育职业体育新互联网协议

4月8日,北京冬奥会、冬残奥会总结表彰大会在北京人民大会堂举行,中国国家队冰球集训队副领队、深圳昆仑鸿星冰球俱乐部总经理周松现场参会。在北京冬奥会上,中国女子冰球队获得了第九名的好成绩,创造广东体育、深圳体育新的历史。在北京冬奥会期间,国际冰球联合会在报道中国女子冰球国家队时提道:"深圳,这个位于中国南方的海滨城市并不以冬季运动闻名,但是这座快速成长的大都市被证明是发展一项适合于中国年轻都市群体开展的新兴运动的合适地点。"

冰球这项在欧美具有较大影响力的运动项目,其相关赛事也具有较强的国际影响力。深圳在足球、篮球的职业化发展均走在全国前列,对于冰球职业化的提前布局不仅体现了体育城市建设的差异化竞争特色,更是国际视角的一次提前布局和尝试。

2. 发展水上运动,释放产业潜能

深圳海岸线绵长,海洋资源丰富。举办大型海上体育赛事和文化交流活动,是深圳打造全球海洋中心城市的重要内容和举措,在这方面深圳具备先发优势和突出优势。

2007年,深圳申办大运会获得成功,并创新地增设了帆船作为比赛项目,打造了一个全新的中国大帆船赛事——中国杯帆船赛。在国家体育总局支持下,中国杯帆船赛探索出一条"政府主导、市场运作、社会参与"的办赛模式。经过十余年的发展,中国杯帆船赛多次获得"亚洲最佳帆船赛事"荣誉。

每年中国杯帆船赛举办期间,赛事为深圳的酒店、餐饮、交通、旅游等行业创造大量的消费,带动了赛事周边地区的经济发展。据《2019深圳帆船运动蓝皮书》统计,每年由深圳帆船赛事所直接带动的消费总额已超过10亿元,涵盖了船艇购买、停泊维护、装备配置、教育培训、赛事消费、文化活动等诸多环节。

深圳瞄准水上项目,持续发力的步履不停歇。2020年11月18日,宝安区

---

[1] 深圳商报. 城市新目标,动感"新造型". (2022-4-13)[2023-2-10]. http://szsb.sznews.com/PC/layout/202204/13/node_A03.html#content_1184482.

宣布连续五年举办世界帆船对抗巡回赛总决赛,赛事主办方联合世界五大湾区共同发起世界湾区帆船运动联盟并同步创办世界湾区帆船赛。自此,深圳构建起"东西两翼,三大赛事"的帆船赛事运营格局。

3. 从产业布局、高端赛事、职业体育、体育消费、市场主体、运动环境六大方面推进体育产业的国际化进程[1]

(1)产业布局方面:深圳将推动国际体育资源集聚,吸引国际知名体育组织和企业总部或地区总部落地;鼓励促进体育科技创新,有效提升体育装备、体育用品的科技含量和智能化水平,建立高效运作的大数据、云计算等各类大平台;挖掘新兴时尚体育项目,联合打造国际性、区域性体育赛事品牌;助力体育企业"走出去",打造一批具有国际竞争力和影响力的知名体育企业和自主体育品牌;积极培育"体育+"和"+体育"的新业态,推动体育产业跨领域跨行业融合发展;推动粤港澳大湾区体育产业一体化,联合打造一流的场馆体系和国际性、区域性体育品牌,鼓励国际知名体育用品展会落户深圳。

(2)高端赛事方面:深圳每年将举办不少于30场高端国际赛事,培育5~10项具有较大知名度的国际体育精品赛事;构建与国际著名体育城市相匹配、兼具深圳特色的高端体育赛事体系:加快足球、篮球、排球、乒乓球、羽毛球等市场化程度高、国际影响力大的高端体育赛事战略布局;围绕国家"北冰南展西扩东进"战略和深圳加快建设全球海洋中心城市策略,促进冰球、帆船、赛艇等运动项目的发展;培育网球、高尔夫球、无人机等新兴时尚、产业链条长的运动项目;发展马拉松、五人足球、三人篮球、国际象棋、围棋和象棋等普及性广、基础好的运动项目;培育一批适合深圳城市特质和产业优势的运动项目。同时,创新促进赛事发展的服务管理机制和安保机制。

深圳正在打造国内职业体育高地,职业体育俱乐部的种类、数量和名次均达到全国最前列。截至目前,进驻深圳的职业体育俱乐部数量为17家,涵盖国家所有职业体育项目。其中,足篮排三大球、乒乓球、羽毛球和三个棋类项目都有职业俱乐部在全国最高水平联赛征战。在网球、高尔夫、帆船帆板、篮球、足球等重点项目上,形成了一批在国内外有较大影响的俱乐部、精品赛事和体育明星。

---

[1] 深圳特区报.深圳要建设国际著名体育城市!2025年体产增加值超1 000亿元.(2021-5-23)[2023-2-20]. https://www.sznews.com/news/content/2021-05/23/content_24236644.htm.

(3) 职业体育方面:深圳将拓展市场化程度高的职业体育俱乐部,加快基地建设,加强优秀教练和运动员的引进、培养;大幅提升国家队训练基地数量,继续运营好中国国家田径队深圳龙岗训练基地和中国国际象棋国家队深圳龙岗训练基地,积极布局建设篮球、乒乓球、冰球等11个国家队训练基地;创建智力运动之城,依托智力运动项目高水平职业体育俱乐部,培育稳定的观众和粉丝群体,发展独具深圳特色的项目文化,打造一批具有一定影响力、体系完善的电子竞技、棋类等高水平职业赛事。

(4) 体育消费方面:深圳要创建全国首批体育消费示范城市,以建设国家体育消费试点城市为契机,鼓励体育消费模式和业态创新,推动体育消费规模持续增长;要推进休闲运动之城建设,积极拓展山地户外、水上运动、航空运动、冰雪运动、高尔夫、击剑、马术、极限运动、汽车露营等时尚、亲民又具有消费潜力的健身休闲项目;要持续举办体育消费节,灵活采用线上、线下等多种形式,营造良好的体育消费氛围,引导消费者释放体育消费潜力,助力企业拓宽体育消费营销渠道,促进体育消费市场健康发展。

(5) 市场主体方面:深圳将支持体育产业集聚发展,"十四五"期间认定3~5家市级体育产业园区,30家市级体育产业示范单位,50个市级体育产业示范项目;要培育龙头企业,力争培育5家以上品牌知名度高、国际竞争力强、行业带动性大的体育上市企业;扶持中小微体育企业发展,拓宽融资渠道,支持中小微体育企业入驻市级以上体育产业园区、基地发展,鼓励各区级产业园吸引体育企业入驻,构建体育产业生态。

(6) 运动环境方面:深圳正在构建可持续发展的创新生态运动城市,将新建80个以上便民利民健身场所,整合"千园之城"公园资源,将绿道、自行车道和公园整合联通;创新土地节约化利用,合理利用江河湖泊滩涂用地、闲置用地、城市绿地;发挥清洁能源、智慧场馆技术优势,翻新改造体育场馆,降低能耗,打造低碳运动场所;推动智慧体育场馆建设,在全市推广建设一批智慧健身设施,促进移动互联网、大数据、云计算、增强现实、虚拟现实等新技术在体育产业的应用创新,提升体育消费场所宽带移动通信网络覆盖水平,优先部署5G,提升消费体验。

第五节 我国其他城市建设体育城市的实践

一、广州市建设世界体育名城

(一) 建设基础

2021年12月,广东省人民政府印发《广东省全民健身实施计划(2021~2025年)》,提出以广东、香港、澳门三地联合承办第十五届全国运动会为契机,构建粤港澳大湾区全民健身合作平台,加强区域全民健身深度融合,形成具有国际领先水平的优质体育生活圈。该计划提到,支持广州建设世界体育名城。从广州的体育发展看,广州建设世界体育名城有较为坚实的基础[1]。

1. 竞技体育基础扎实

自1984年新中国第一次参加奥运会以来,广州籍运动员共获得了11项奥运冠军。"十三五"以来,广州运动员共获5项奥运会冠军,113项世界赛冠军,69项亚洲赛冠军、536项全国赛冠军。东京奥运会上,广州运动员取得优异成绩,涌现了惊艳世界的"跳水天才"全红婵和乒坛新星樊振东。第十四届全运会,广州运动员成绩全国列前,全省领先。目前,广州共有国家高水平体育后备人才基地10个,省单项体育后备人才重点基地16个,体育传统项目学校346所,注册运动员超过3.8万人。

2. 体育产业稳步发展

广州作为国内体育改革先行城市,体育产业发展位于全国前列。2019年,全市体育产业规模超过2100亿元,实现增加值520多亿元,体育产业增加值占全市GDP增加值的比重为2.2%。全市体育彩票销售超215亿元,体育产业规模位居全国前列。目前,广州创建了1个国家体育产业示范基地、1个国家体育旅游示范基地、4个国家体育产业示范单位。

3. 体育场馆焕发活力

中华人民共和国第六届运动会(简称"六运会")、中华人民共和国第九届运

---

[1] 欧阳资文.2021广东高质量发展! 踏上新赶考之路 建设世界体育名城市.(2021-12-17)[2023-2-23]. https://www.thepaper.cn/baijiahao_15884656.

动会(简称"九运会")、亚运会期间,广州建设了一批当时具备举办国际大型比赛能力的赛事场馆。目前全市共有体育场地超过3.5万个,构建了一批大型体育场馆群,形成了横向到边、纵向到底的体育设施网络。1986年建成的天河体育中心,通过一系列智慧改造升级,成为"六个全国第一",被评为全国十大体育公园之一、亚洲最具影响力的主场之一,被誉为广州"城市客厅""体育殿堂"。

4. 职业体育、体育赛事发达

广州恒大淘宝足球俱乐部获得2016年、2017年、2019年中超联赛3次冠军,2016年足协杯冠军。广州马拉松赛连续3年获评世界田联金标赛事,连续5年获评中国田协金牌赛事。世界三人篮球锦标赛、金砖国家运动会、国际篮联篮球世界杯(广州赛区)、世界羽毛球巡回赛总决赛连续4年落户广州。广州举办了广州国际龙舟邀请赛、国际攀联中国攀岩公开赛、广州国际女子网球公开赛等,承办亚冠、中超、CBA和足协杯等职业主场赛事。

(二) 主要做法

目前,广州体育部门已经根据《体育强国建设纲要》《广东省体育强省建设实施纲要》精神和市委、市政府部署要求,深入开展调查研究,编制广州建设世界体育名城建设"1+1+N"系列政策措施,即1个规划纲要、1个行动计划、N个配套政策措施,建立健全顶层规划设计,提出了打造"健康运动活力中心""高端赛事聚集中心""冠军培育发展中心""体育产业服贸中心""赋能体育智慧中心""体育文化交流中心"的奋斗目标,并到2035年全面建成世界体育名城。

近3年重点实施以下7项行动[1]:

一是全民健身升级行动,聚焦完善全民体育设施。到2025年,广州市人均体育场地面积达2.6平方米。到2025年,全市新建区级体育场3个,全民健身广场7个,游泳池(馆)3个,全民健身中心8个,全市新建或改建10个体育公园、200公里以上健身步道。

二是体育赛事提质行动,聚焦提升赛事品质。提升广州马拉松赛、2023年世界田联接力赛、世界羽联巡回赛总决赛、广州国际龙舟邀请赛、广州国际女子

---

[1] 广州日报.广州市体育局党组书记、局长欧阳资文:贯彻落实全民健身国家战略 分三步走建设世界体育名城.(2022-6-1)[2023-2-1]. https://www.gz.gov.cn/zt/qzzggcdcl100zn/gzzxd/content/post_8329500.html.

网球公开赛、国际攀联中国攀岩公开赛等大型国际赛事品质。大力培育"羊城运动汇""广州100越野赛"等自主品牌体育赛事。

三是竞技体育优才行动，聚焦优化竞技管理体系。积极备战2022年广东省第十六届运动会，力争取得优异成绩。做好杭州亚运会、巴黎奥运会广州运动员跟踪保障工作。

四是体育产业优化行动，聚焦强化政策引导。出台《广州市体育与健身产业链高质量发展三年行动计划（2022~2024年）》，推动"体育与健身"产业链高质量发展。

五是数字体育赋能行动，聚焦建设智慧体育城市。发挥"群体通"全民健身服务平台的公益性数字体育聚合作用，拓宽服务范围，搭建"广州体育消费地图"体系。

六是体育场馆增效行动，聚焦场馆功能改造。构建公共体育场馆"3+3+N"布局体系，保障2025年第十五届全运会顺利举办。

七是体育文化发展行动，聚焦弘扬广州体育精神。深入挖掘陈镜开、戚烈云、容国团"三座丰碑"精神内涵，宣传新时代冠军的成长规律和感人经历，编印《广州体育冠军风云榜》系列丛书，弘扬广州红色体育历史。

二、杭州市建设国际赛事名城

杭州紧抓利用2022亚运会契机，全力推进体育事业发展，赛事、民生和产业齐头并进，打造国际赛事名城路径已越来越清晰[1]。

（一）申办举办各类大型赛事

加强与国际体育组织、国家体育总局和国家体育单项协会的交流合作，引进东亚足联秘书处等国际体育组织、"国字号"机构以及重大赛事运营机构落户杭州。2015年获得2022年亚运会主办权，2018年举办第14届世界游泳锦标赛（25米）和第5届世界水上运动大会。连年举办34届杭州马拉松、横渡钱塘江、国际（杭州）毅行等活动，受到社会瞩目。

---

[1] 杭州市体育局.杭州市体育局:借势借力亚运东风推动杭州"赛事之城"建设.(2023-1-11)[2023-1-1]. https://mp.weixin.qq.com/s?_biz=MjM5NTA5NzgxOQ==&mid=2650746162&idx=3&sn=ded23d3f75d64b3f101b4902639b97ac&chksm=bef630868981b990ef27826faa38d50f45ff3a005deb0dd737c3b80902fed5772c29f29c9dfd&scene=27.

(二) 竞技体育实现新突破

贯彻落实"奥运争光计划"和"亚运争光保障计划",全方位做好运动员服务保障。共有6人获得10个奥运会冠军、3人获得4个青奥会冠军、39人(次)获得92个世界冠军、54人(次)获得137个亚洲冠军(含亚运会冠军80个)。在浙江省第十七届运动会上,杭州以288金、216银、169铜获得全省金牌榜、奖牌榜、总分榜3个第一。

(三) 全民健身体系进一步完善

2022年新建群众身边体育健身设施308处,在社区、公园绿地、滨水绿道、桥下空间等区域见缝插针,建设群众呼声较高的三大球、三小球和门球等嵌入式体育场地设施2 000多片,受到时任省委副书记黄建发的批示"杭州市嵌入式体育场地设施建设的做法很好,节约、便民,群众获得感强"。同时,2022年实施"万堂专项体育课进校园"11 645课时,"万场全民健身赛事活动和科学健身指导进社区(村)"14 000余场,排摸录入"万片低免开放的全民健身场地"11 933片,市属41个亚运比赛、训练场馆全部实施惠民开放,市属859所中小学室外体育场地和269个室内体育场馆向民众开放,推动场馆社会化效应最大化。2021年经常参加体育锻炼的人数比例为全市总人口的44.7%,国民体质监测合格率达94.3%。

(四) 体育产业蓬勃发展

不断健全"体育与健身"产业链,出台《杭州市体育与健身产业链高质量发展行动计划(2022~2025年)》。体育产业占全市GDP比重逐步上升,2020年体育产业总产出达717.84亿元,增加值223.76亿元,居全省"双首位"。全市现有体育产业主营单位8 000多家,国家体育产业示范基地2个、示范单位5个、示范项目2个、国家运动休闲特色小镇试点1个,入选省体育品牌体育赛事名录库14项、顶级职业联赛单位13家。体育彩票销售稳步增长,2017~2021年,实现销售额172.71亿元,占全省彩票销售额的21.57%。

(五) 数字赋能,建好"亚运场馆在线"平台

积极响应省数字体育建设要求,在"浙里办"小程序上"亚运场馆在线"上线"亚运场馆""嵌入式场地""校园场馆"等专区,已有224处体育场馆和设施上线,累计产生订单量71万,健身人数达661万人次。

三、成都市建设世界赛事名城

近年来,成都已成功举办众多高水平国际体育赛事。例如,成都国际马拉松、第十八届世界警察和消防员运动会(简称"世警会")、ATP250成都网球公开赛、国际乒联男子女子世界杯、铁人三项世界杯、2022年成都世界乒乓球团体锦标赛等多项国际体育赛事均陆续成功举办。这些国际性赛事将在加快助力成都世界赛事名城建设的同时,促进成都体育的发展。

建设世界赛事名城,成都一直阔步向前。2021年底,成都印发《成都市体育赛事体系规划(2021~2035年)》,并以5年为一阶段,提出阶段性目标。规划提出,截至2025年,成都将完成世界赛事名城建设;到2030年,将完成世界体育名城建设;到2035年,将完成世界生活名城建设。

成都市体育局相关负责人表示,"十四五"期间,成都将每年举办国际和全国赛事50项以上,体育赛事对相关产业的拉动效应超过300亿元,高质量建成"15分钟健身圈",本市运动员对国际大赛的国家贡献率稳步提高,体育产业总规模超过1500亿元,全球赛事影响力城市排名有新突破,打造绿道健身活力之都、国际赛事之都、体育创新资源配置中心、户外运动休闲中心、体育消费中心和体育文化中心,为建成世界体育名城、世界生活名城打下坚实基础[1]。

2021年12月21日,成都市体育局正式发布《成都市"十四五"世界赛事名城建设规划》(简称《规划》)。《规划》提出,"十四五"期间,"五大赛"举办要获得圆满成功。

践行"办赛、营城、兴业、惠民"体育理念,高标准建设世界赛事名城。积极对接各类国际组织,成功申办2024年羽毛球汤尤杯和2025年世界运动会,改写了西部地区从未获得世界综合性赛事举办权的历史。高标准举办第十八届世警会,创下成都历史上规模最大、国际化水平最高、单次入境外宾人数最多的办赛纪录,为城市发展带来了巨大综合效益,赢得世界警察联合会高度赞誉[2]。"十三五"时期,成都成功举办99项高水平国际体育赛事,其中2018~

---

[1] 人民资讯."大运之城"成都:高质量建设世界赛事名城.(2022-3-11)[2023-3-1]. https://baijiahao.baidu.com/s?id=1726975618877489249&wfr=spider&for=pc.

[2] 成都发布."史上最棒的一届世警会"!世警联合会主席盛赞成都的原因是……. (2019-8-22)[2023-2-1]. https://baijiahao.baidu.com/s?id=1642563446094803346&wfr=spider&for=pc.

2020年累计举办国际体育赛事67项[1]。2019年Sportcal公司发布的全球体育城市影响指数榜单排名由第89位跃居至第28位,进入全国前三。2020年《中国城市海外影响力分析报告》国际体育赛事指数排名全国第二。篮球场符合NBA赛事标准。

四、南京市建设世界体育名城

2012年9月1日,南京市委、市政府正式印发了《关于建设亚洲体育中心城市和世界体育名城的意见》(简称《意见》)。《意见》提出,亚洲体育中心城市和世界体育名城建设的总体思路是,以"科学发展、人民幸福"为主题,以筹办2013年亚青会和2014年青奥会为契机,以体育为重要抓手,推动城市体育生活化、城市体育影响国际化、城市转型科学化,让体育成为市民生活的重要组成部分,提高市民生活品质,促进人的全面发展;让体育成为建设现代化国际性人文绿都的重要特色,增强城市宜居性,扩大城市影响力,提升城市竞争力,努力把南京建设成为体育文化繁荣昌盛、体育健身蔚然成风、体育资源集聚辐射、体育影响传播全球的著名体育城市。

积极打造"一城、两中心、两基地",即全民健身广泛开展的活力之城,具有国际影响力的大型体育赛事举办中心,具有国际知名度的体育文化交流中心,国家体育人才教育和培养基地,国家体育产业(示范)基地。

建设亚洲体育中心城市和世界体育名城是一项系统工程,涉及多领域同步推进。《意见》要求重点组织实施五项工程,即体育国际营销工程、体育健身惠民工程、体育文化建设工程、体育及其相关产业发展工程、体育人才培养工程。

南京于2014年成功举办了国际青奥会。青奥会后,南京作为奥运城市,重大国际赛事进入密集期。2万人在2018年世界羽毛球锦标赛现场为中国林丹齐声助威、扬尼斯·阿德托昆博领衔的27名NBA球星在2019国际篮联篮球世界杯南京赛区同场竞技、"苏神"苏炳添在青奥体育公园驰骋冲刺……2016年世界速度轮滑锦标赛、2017世界Byte帆船大奖赛、2017世界轮滑全项目锦标

---

[1] 人民日报客户端四川频道.建设世界赛事名城 成都体育的加速度.(2021-7-16)[2023-2-1]. https://sdxw.iqilu.com/share/YS0yMS03OTgyNDE3.html.

赛、2019国际田联世界田径挑战赛南京站等赛事此起彼伏,南京赢得了全球唯一的世界轮滑之都称号[1]。精彩的体育赛事丰富了城市的文化生活,提升了人民群众的幸福感,促进了社会安定繁荣,体育在南京国际和平城市建设中同样发挥了重要作用。在权威体育数据机构Sportcal公司发布的全球体育城市影响指数榜单排行中,南京一度超越上海,仅次于北京,位列全球第10位。

除举办国际体育赛事外,南京还积极推动体育产业的发展。2021年南京市体育局发布的《南京市"十四五"体育发展规划》指出,到2025年,体育类市场主体达1.6万家,规模以上体育企业达455家,新增1～2个国家体育产业示范基地,基本形成布局合理、特色鲜明、充满活力的现代化体育产业体系,体育产业总规模达到2000亿元,体育产业增加值在国民生产总值中比重达2.5%,人均体育消费达4500元。南京还设立了体育产业发展引导资金,2024年引导资金资助了体育场地设施建设类(3项)、体育装备制造创新类(1项)、社会力量举办体育赛事(1项)[2]。

第六节 我国体育城市建设的总结与路径展望

一、我国体育城市建设的总结

(一)我国体育城市建设的内在逻辑

通过前文对我国多个城市在体育城市建设做法的总结和梳理可以发现,我国城市在全球体育城市上的建设之路也是我国城市追求世界公认的全球城市的建设之路。我国的城市发展为打造全球体育城市奠定了经济与社会基础,而发展城市体育、举办有影响力的大型赛事不仅是提升城市品牌、促进城市经济社会发展的有效途径,而且还是直接衡量城市综合实力与全球竞争力的重要指标。在这种融合发展中,城市的规模越大、经济社会发展水平越高,对高端体育

---

[1] 南京市人民政府. 南京着力盘活公共体育资源、创新发展体育产业、落地精彩体育赛事 承载奥运城市之名 打造世界体育名城. (2023-10-12)[2023-12-1]. https://www.nanjing.gov.cn/zzb/ywdt/njxx/202310/t20231012_4029365.html.

[2] 南京市体育局. 关于印发南京市"十四五"体育发展规划的通知. (2021-8-26)[2023-2-5]. https://sports.nanjing.gov.cn/njstyj/202111/P020211126606634034153.pdf.

产品与服务的需求也就越旺盛;同时,城市也会因拥有更为发达的基础设施、体育场馆和经济实力而更好支撑和满足这些需求,从而就越有可能发展成为更具国际影响力的全球体育城市。

(二) 我国体育城市建设的共同点

在体育城市的建设上,虽然国内城市有各自的做法和特点,但总体来看有以下互通的做法,这为国内其他城市建设体育城市提供了思路。

首先,举办国际顶级的大型体育赛事。国际顶级的大型体育赛事是展现体育魅力的最高舞台,同时也是吸引全球关注的最佳平台。借助全球卫星电视、互联网等媒体传播平台,大型体育赛事已经成为跨越地域与时空的媒体狂欢与全球盛事。在为数不多的国际大型综合性运动会中,夏季奥运会无疑是最受瞩目的。例如,北京就因为举办夏季和冬季奥运会得到了全球的瞩目,其在全球体育城市的排行榜上也一直处于前列。当然,尽管奥运会往往能够给主办城市带来较为长久的影响与烙印,但奥运会毕竟4年只有一次,要想持续不断地向全球展现与辐射体育文化的实力与影响力,还需要依靠其他国际顶级体育赛事,广州、成都、南京、杭州、深圳均通过举办国际顶级赛事在全球体育城市排行榜中获得较好的排名。

其次,为建成全球体育城市提供必要的支撑条件。

第一,建设世界水准的体育场馆设施。不管是一次性的国际顶级体育赛事,还是固定举办的自有品牌体育赛事与职业联赛,都离不开世界一流的体育场馆作为支撑。中国体育城市的建设中包含了大量的一流体育场馆的建设,如"鸟巢"、"水立方"、上海东方体育中心、杭州奥体中心等。

第二,加强全民健身,拉动体育消费。体育城市建设需要有浓厚的体育氛围和以体育消费作为支撑,因此做好全民健身工作,引导居民体育消费成为这些城市在体育城市建设上的共同做法。

第三,大力发展体育产业,提升体育赛事运作市场化、专业化程度。赛事的组织运作,尤其是顶级品牌体育赛事与职业联赛的运营需要通过市场机制来实现。目前国内城市也在大力发展体育产业,包括发达的赛事运营的专业组织与营销企业,以及发达的体育传媒机构等。上海久事体育产业集团、成都体育产业集团等均是这些城市体育产业发展的重要主体。

二、我国体育城市建设的路径展望

根据前文的分析，全球体育城市的形成路径可以归纳为，城市本身是否具备全球城市的实力是能否建成全球体育城市的基础条件，体育的社会化、生活化与产业化是建设全球体育城市的根本支撑，而持续举办国际顶级体育赛事是建设全球体育城市的必由之路与关键所在。中国城市在全球体育城市的建设上还有很长的一段路要走，还需要继续沿着以下路径不断发展。

第一，要不断建设和完善公共体育服务体系，促进全民健身与体育生活化，厚植体育基础。让更多的市民参与和享受体育，既是建设全球体育城市目标的内在价值追求，也是实现目标的基础与条件。只有让体育回归本源，不断扩大体育的群众基础，才能够为城市体育的发展提供不竭的动力。因此，要紧紧围绕群众身边的体育设施、体育社团组织的建设以及体育活动的举办等基础性工作，不断完善体育公共服务体系，积极补齐体育基础设施建设的短板，广泛开展全民健身活动，并通过体育的社会化与市场化等手段，满足百姓多层次与多样化的需求，让体育成为市民的一种生活方式。

第二，大力深化体育体制改革，着力推进体育的市场化与社会化，打造辐射全球的体育资源配置中心。西方发达城市的体育发展，得益于其完备的市场体系和广泛的基层社会体育组织网络体系。总体上看，目前我国优质的体育资源仍然掌握在政府手里，管办不分、政社不分、政企不分的体制弊端仍然比较明显，遏制了市场和社会办体育的积极性与活力。应该加大改革力度，使市场在体育发展的资源配置中起决定性作用，同时更好地发挥好政府的作用。政府在有效履行宏观管理、政策引导、市场监管和公共服务等方面职能的同时，要进一步简政放权，加快推进市体育总会、行业协会与行政机关脱钩，实现管办分离，积极培育体育社会组织。与此同时，大力发展体育产业，不断提高体育产业对国民经济的贡献率。通过大力吸引和鼓励社会资本进入体育产业领域，不断完善市场机制，积极培育多元市场主体，优化产业发展环境，充分调动全社会办体育的积极性与创造力，合力推动城市体育的发展。

第三，要充分发挥体育赛事的带动与引领作用，重点围绕城市体育赛事体系的构建，打造层级丰富、结构合理、特色鲜明的体育赛事之都。作为体育产业的核心组成部分和体育最具活力的表现形式，体育赛事具有关联度高、辐射带动作用强的特点。从世界公认的全球著名体育城市的实践看,体育赛事与城市发展往往相得益彰、良性互动。体育赛事,尤其是大型体育赛事不仅是衡量全球著名体育城市甚至是世界级城市本身的重要指标,也是提升城市国际体育影响力最直接和最有效的途径。一是要通过建立科学的体育赛事战略规划、评估与决策机制,做好赛事的顶层设计与总体布局工作,在充分考虑城市的规模、功能定位、文化传统、市民需求和季节特点等因素的基础上,进一步优化和完善赛事组合或赛事群,构建多层次的体育赛事体系。二是要加大培育和引进高端品牌体育赛事的力度。注重引培结合,既要引进品质高、市场前景好的成熟国际品牌体育赛事,也要结合自然资源与人文景观等创立、培育具有城市本地特色和自主知识产权的自有品牌体育赛事。三是将体育赛事变成落实国家扩大内需战略的具体举措,申办市民喜爱、影响力大、经济社会效益好的体育赛事,以重大赛事为引领,加快恢复和扩大体育消费,彰显了体育在经济社会发展中的独特作用,为地方发展赛事经济提供新思路、新道路,也为乡村振兴等国家重大战略的实施提供助力。四是探索和构建科学高效的体育赛事多元投入机制与运营模式,不断提升办赛效益,扩大赛事的影响。在不断提高赛事运作的市场化程度与专业化水平的同时,要更好地发挥政府的作用。大型赛事一般都具有准公共产品的属性和潜在外部效应,城市举办大型赛事时,政府往往会动用公共财政进行各种形式的补贴与支持。但是赛事的许多外部效应一般并不会随着赛事的举办而自动显现,而市场主体与赛事承办机构则更多关注经济效益或赛事运作的技术环节,这就需要政府主动作为,积极联合与协调各利益相关主体通过制定与实施有效的赛事遗产开发战略,才能充分发挥体育赛事的"溢出价值",提升办赛效益。

第四,探索城市与职业体育互惠共生的最优模式。对于已有职业体育俱乐部的城市,应大力发展职业体育,扶持和打造品牌俱乐部。一流的职业体育和拥有品牌职业体育俱乐部,是城市体育与体育产业发展成熟的标志,几乎成为世界级城市的标配,同时也是提升城市影响力和文化软实力的有效途径。而对于还未有职业体育俱乐部的城市,可考虑探索那些群众基础好运动项目,考虑引入该项目其他等级发展较好的职业联赛和职业俱乐部,为城市与职业体育的发展奠定基础。

第五,大力促进体育消费,打造体育消费城市。旺盛的体育消费是体育产业发展的根本动力,也是体育城市建设的重要支撑。要通过深入推进供给侧结构性改革,为消费者提供更多品质化、专业化与个性化的体育产品与服务。通过不断提升消费环境与优化消费场景,充分激发体育消费热情,释放消费潜力。

第六,大力加强体育文化建设与传播。城市文化是城市品牌的核心要素,反映出一座城市的精神气质与品格,而体育文化则是现代城市文化不可或缺的组成部分,也是体育城市的重要标志。要通过深入挖掘和提炼城市自身独特的体育文化的内涵,如上海的海派体育文化、成都的巴蜀体育文化等,培育和打造体育文化精品,不断夯实体育城市的文化根基,还要通过加强体育对外交流与国际传播,不断提升城市体育文化的全球影响力。